Queen Kong

Shelly Masi
Avec la collaboration de Xavier Müller

Queen Kong

Albin Michel

À ma mère et à mon père, qui m'ont permis de réaliser mon rêve (dans le tiroir).

À Antonio, pour son soutien constant et son enthousiasme.

À Leila, qui a attendu que je finisse d'écrire ce livre.

À la mémoire du grand Makumba,
qui m'a patiemment tout appris.

INTRODUCTION

« Un rêve dans le tiroir »

Aussi étrange que cela paraisse, je n'aimais pas les primates quand j'étais enfant. À Addis-Abeba, où mon père avait été muté quand j'avais cinq ans, notre refuge les jours de canicule était une piscine infestée de vervets. D'adorables singes à queue, avec leur pelage beige et leur face noire d'ébène, mais des cleptomanes notoires. Un instant d'inattention, et ils vous volaient votre portefeuille et votre sandwich. Ils me faisaient peur.

J'éprouvais de l'animosité envers les primates, malgré une vive passion pour les animaux. Lorsque mon père avait décroché son poste de professeur d'université en géochimie en Éthiopie, j'avais été la seule de la famille, avec lui, à être enthousiaste à l'idée de quitter Rome et de vivre en Afrique pendant deux ans. J'étais déjà amoureuse du continent aux paysages paradisiaques peuplés de troupeaux de grands herbivores. Nous avons profité de notre séjour africain pour effectuer un long safari de deux mois au Kenya. Tandis que le 4 × 4 roulait au milieu des étendues d'herbe sèche, je connaissais déjà tous les grands mammifères : les girafes, les lions et les autres mastodontes de la savane me fascinaient. Même les infimes nuances qui distinguent les espèces d'antilopes ne m'échappaient pas.

Pourtant, si vous m'aviez demandé quels singes fréquentent la brousse du pays, j'aurais été bien en peine de vous répondre. Pourquoi les primates n'étaient-ils pas mes amis ? Je pense qu'au début, je n'étais tout simplement pas attirée par eux parce qu'ils ressemblaient trop, physiquement, aux humains ; en somme, ils n'étaient pas assez exotiques pour moi. Plus tard, de retour en Italie, c'est leur violence qui m'horrifia. Des reportages montraient des chimpanzés qui hurlaient et exhibaient leurs dents pointues, avant de frapper leurs congénères jusqu'à la mort. Aujourd'hui, grâce principalement aux travaux de Jane Goodall, nous savons que les chimpanzés forment une espèce territoriale, et que les communautés voisines, dans certains endroits d'Afrique, se livrent de véritables guerres si l'une ou l'autre s'aventure hors de ses frontières. Mais, à l'époque, ces actes terrifiaient la fillette que j'étais. J'étais assez âgée pour percevoir le machiavélisme qui explosait dans ces agissements cruels et assurément gratuits. Décidément, les primates mimaient les humains sur bien trop d'aspects.

C'est un documentaire à l'âge de huit ans qui a modifié ma perception sur certains de nos frères de la jungle. On y voyait non pas des chimpanzés excités en train de hululer pour se donner du courage avant une rixe, mais les bons géants de la forêt : les gorilles. À l'écran, deux individus émergeaient côte à côte de la végétation herbacée typique des forêts de montagne (rétrospectivement, il s'agissait probablement d'adolescents ou de dos noirs, c'est-à-dire de jeunes mâles avant qu'ils ne développent le dos argenté classique de tous les mâles adultes). Leur attention se dirigeait tout entière sur une autre créature de la jungle à quelques centimètres d'eux : un caméléon qui se tenait immobile et camouflé sur la branche d'un buisson. Soudain, l'un des gorilles leva son gros bras et commença à caresser délicatement le reptile de son index, en suivant le fil de la crête qui descend le long du corps.

Même si je la voyais à travers la télévision, cette scène si délicate s'est imprimée à jamais sur ma rétine. Un animal pris sur le vif en train d'observer une autre espèce. La curiosité du gorille, dénuée de toute arrière-pensée, m'émut au plus haut point. Pittoresque, quasi surréaliste et pourtant bel et bien réelle, la situation témoignait de l'incroyable sensibilité des géants poilus, que je n'avais jamais rencontrée chez aucun autre animal. J'en étais toute retournée. Le pacifisme des gorilles vis-à-vis d'autrui venait de m'ouvrir les yeux sur un autre monde possible, aussi sûrement que si j'avais participé à une manifestation *Flower-Power* des années 1970.

À compter de ce jour, j'ai développé une profonde passion pour les gorilles. Je voulais tout savoir sur ces êtres dont l'apparence se distinguait de nous autres humains, par leur peau aussi foncée que le charbon et leur énorme nez en forme de cœur. Surtout, je voulais comprendre ce qu'ils ressentaient au plus profond de leur être. Qu'est-ce qui avait bien pu pousser les deux jeunes à s'intéresser à *autrui* ? Les gorilles étaient-ils animés d'émotions complexes ? Possédaient-ils un monde intérieur aussi riche que le nôtre, comme j'en avais l'intuition ? Étaient-ils intelligents ? De bien vastes questions pour une gamine haute comme trois pommes… Mais j'étais frustrée. J'étais allée au Kenya. L'odeur d'herbe sèche de la savane restait gravée dans ma mémoire. Les livres et les films manquaient d'une troisième dimension, si bien que la jungle dans laquelle vivaient les gorilles m'attirait comme un aimant. En italien, ma langue natale, nous avons une expression pour désigner un souhait qui a peu de chances de se réaliser : « Avoir un rêve dans le tiroir. » Partir en Afrique étudier les magnifiques géants poilus devint *mon* rêve dans le tiroir.

La clé de ce tiroir est restée bien à l'abri au fond de mon sac jusqu'à la fin de mon parcours universitaire. Elle en est ressortie le jour où, à la faculté La Sapienza de Rome, mon professeur de gestion de la faune sauvage (un expert en loups et en ours) a mentionné dans son cours que l'une de ses anciennes étudiantes se trouvait en Afrique centrale. Elle s'appelait Chloé Cipolletta et, là-bas, cherchait à habituer les gorilles des plaines de l'Ouest (*Gorilla Gorilla Gorilla*) à la présence humaine, afin de mieux les protéger. C'était trop beau pour être vrai. Ce travail de terrain représentait une opportunité unique. J'allais faire d'une pierre deux coups : boucler mon mémoire de fin d'études et apprendre le métier de primatologue de terrain. La chance me souriait.

Il ne me restait plus à régler qu'un détail pour que cette vision idyllique se réalise : que cette jeune primatologue m'accepte à ses côtés dans la jungle. Sans réfléchir une seconde, oubliant les éventuelles conséquences qu'un départ pour l'Afrique aurait sur ma vie personnelle, j'ai immédiatement écrit à Chloé pour savoir si elle voulait bien m'accueillir une année, le temps que je boucle ce fameux mémoire. La réponse n'a pas tardé : négative. Certes, le programme d'habituation des gorilles que Chloé gérait pour le WWF (ou Fonds mondial pour la nature) de la République centrafricaine accueillait bel et bien des volontaires pour un an, y compris des jeunes universitaires ; hélas, elle disposait déjà d'une candidate pour cette année. Mon rêve s'évanouissait avant même d'avoir pris forme.

J'étais déçue, mais combattante – il en fallait bien plus pour démolir mes espoirs. Et la situation se dénoua d'elle-même. Un mois plus tard, à ma grande surprise, un autre courriel en provenance d'Afrique m'attendait dans ma boîte de réception. Il s'avérait que la volontaire n'avait pas supporté les conditions du campement et du travail en forêt, et avait abandonné. La place était pour moi si je le souhaitais toujours, à la condition que je parte sans tarder. Je n'en croyais pas mes yeux. C'était comme si les dieux s'étaient penchés sur mon cas et avaient décidé de me donner un coup de pouce.

Seul problème, donc : Chloé avait un besoin impérieux de quelqu'un pour l'aider avec les gorilles. Étais-je prête à venir sur place d'ici un mois ? Parmi mille choses à organiser, je devais me faire inoculer dix vaccins indispensables. Dire que ce caractère d'urgence me bousculait était un euphémisme. C'était la veille de Noël, une fête sacrée pour moi, que je comptais bien passer auprès de ma famille et en compagnie de mon petit ami de longue date. Et puis il y avait… mon cheval et l'équitation, mon autre grande passion (celle que je n'avais pas été obligée de remiser dans le tiroir, contrairement aux gorilles). J'avais entraîné au saut d'obstacles une magnifique jument aux grands yeux doux, à la musculature puissante et à la robe gris moucheté. Nous connaissions ensemble un modeste succès en compétition, y compris au niveau national. Je l'avais élevée, et j'en étais arrivée à la considérer un peu comme ma fille.

Abandonner cet univers a été un vrai crève-cœur, mais l'appel de la forêt a gagné. À seulement vingt-trois ans, je me suis lancée dans cette aventure, voyageant seule pour la première fois, et pour quelle destination ! Aujourd'hui, plus de vingt-cinq ans plus tard, dont une partie passée en Afrique, quand je songe à tout ce à quoi j'ai renoncé dans mon existence, à toutes les maladies tropicales que j'ai contractées (certaines, encore inconnues de la médecine, m'ont rendue plusieurs fois malade une année entière) et aux mésaventures effrayantes que j'ai vécues en chemin, je me dis que, davantage qu'une passion, les gorilles ont représenté une véritable vocation qui m'a avalée corps et biens.

En 2000, quand j'ai pris l'une des décisions les plus importantes de mon existence, on savait très peu de choses sur les gorilles des plaines de l'Ouest. Si leurs cousins des montagnes sont des superstars, étudiés et connus internationalement depuis les années 1970, les études scientifiques sur ceux de l'Ouest avaient été menées surtout sur des traces indirectes laissées par des individus dans la jungle. On en avait déduit les caractéristiques écologiques des gorilles, leur régime alimentaire, le type d'habitat qu'ils préfèrent, mais de nombreux biais entachaient ces données, par le simple fait qu'on n'observait pas directement le comportement des animaux.

Toutes ces limitations expliquaient pourquoi les connaissances étaient si minces dans la littérature scientifique. L'essentiel de ce que l'on savait sur les gorilles en général provenait de ceux vivant dans la montagne. Jusqu'en 2001, on pensait même que les deux populations, ceux de l'Ouest et ceux de l'Est (qui incluent la petite population des gorilles des montagnes), n'appartenaient qu'à une seule et même espèce. Il a fallu attendre des analyses génétiques pour prouver qu'ils relevaient de deux espèces distinctes. Ainsi, quand j'ai pris l'avion en direction de l'un des pays les moins cartographiés au monde, la République centrafricaine, j'allais à la découverte d'une énigme scientifique, et ce voile de mystère rendait le séjour plus palpitant encore !

Le seul bémol que je voyais était d'ordre esthétique. Je considérais bêtement que les gorilles des plaines de l'Ouest (et que j'appelle gorilles de l'Ouest par commodité) étaient moins beaux, moins poilus que leurs cousins des montagnes, sur lesquels j'avais cristallisé, enfant. Les premiers forment une sous-espèce des gorilles de l'Ouest, qui habite aujourd'hui la forêt tropicale humide dense et marécageuse de sept pays africains (Cameroun, République centrafricaine, Guinée équatoriale, Gabon, Nigeria, république du Congo et province de Cabinda en Angola ; cette espèce est éteinte en République démocratique du

Congo). Tandis que les gorilles des montagnes, sous-espèce des gorilles de l'Est, vivent en forêt d'altitude dans les montagnes du Rwanda, de l'Ouganda et de la République démocratique du Congo.

L'image que nous avons tous des gorilles, et que j'avais aussi étant enfant, est en fait celle d'un mastodonte noir avec de grands yeux. Il s'agit d'un gorille des montagnes, ainsi qu'ils apparaissent dans le film *Gorilles dans la brume* (et d'ailleurs dans quasi tous les documentaires) – souvenez-vous, Sigourney Weaver y incarnait la célèbre pionnière de la primatologie Dian Fossey.

Les gorilles de l'Ouest, eux, sont moins velus (les forêts de plaine étant moins froides que les forêts de montagne), et ils sont aussi légèrement plus petits. Leur fourrure plus courte est beaucoup plus colorée. Au moment de mon départ, il n'existait pas sur Internet de photos prises sur le vif dans la nature, et encore moins de documentaires. Les seuls clichés disponibles avaient été capturés dans des zoos, où l'espèce représente aussi aujourd'hui la totalité des effectifs.

Pour décrire cette société, les primatologues plaquaient bêtement leurs connaissances acquises au contact de leurs pendants des montagnes, des animaux qui, pourtant, vivent dans des forêts montagneuses où la végétation est très différente de celle des forêts tropicales de plaine d'Afrique centrale, des limites dont j'avais conscience quand mon avion a atterri à Bangui, la capitale centrafricaine. J'étais alors loin d'imaginer à quel point cet amalgame entre les deux espèces ne rendait pas justice à ceux qui allaient devenir mon sujet d'étude.

Dans l'imaginaire collectif (et aussi dans celui des chercheurs), le gorille est un gentil géant qui se nourrit principalement d'herbes, dont la taille colossale l'empêche de grimper aux arbres, et qui est donc principalement terrestre. Le grand mâle adulte, autrement dit le dos argenté, est le chef incontesté de son groupe de femelles et de sa progéniture, le seul responsable de leur protection, de la conduite du groupe et du maintien de sa cohésion. Bienvenue dans une véritable société machiste, dans laquelle le mâle, avec son énorme crête sagittale et sa taille deux fois supérieure à celle des femelles, est l'incarnation classique de la puissance physique et le leader indiscutable.

Aujourd'hui, je sais à quel point ce tableau est incomplet, voire complètement dépassé en certaines occasions. Qu'ai-je découvert dans la jungle ? J'y suis allée de surprise en surprise. Certes, la société des gorilles est régie par des règles, mais elles ne sont ni intangibles ni immuables. Des gorilles se rebellent, certains mentent. Et surtout, j'y ai été témoin d'un retournement de situation que je n'aurais jamais cru possible et qui m'a laissée pantoise : il arrive que les femelles prennent le pouvoir.

Mais avant d'en arriver là, il y a eu un lot de pré-requis dont j'ai dû m'acquitter, de connaissances indispensables pour endosser pleinement le rôle de primatologue de terrain : comment marcher en silence dans la jungle, repérer les traces des gorilles, se forcer à ne pas bouger quand on est chargé par un colosse hurlant… J'ai dû tout apprendre, et rien dans la vie romaine confortable ne me préparait à ce que j'allais vivre à six mille kilomètres de là.

À cette époque, j'étais complètement fascinée par les dos argentés, que je trouvais extrêmement beaux, puissants et majestueux. Les femelles gorilles de l'Ouest, deux fois plus petites que le dos argenté, me faisaient penser à certaines reconstitutions peu avenantes d'Australopithèques, du moins d'après les photos prises dans les zoos. Plus tard, au fil des années passées dans la jungle, mon intérêt évoluerait. J'apprendrais à les aimer, à les estimer et même à les admirer !

Un jour, je finirais même par juger les femelles gorilles bien plus fascinantes et intéressantes que les magnifiques dos argentés. Les vraies reines de la jungle, les Queen Kong, ce sont elles. J'étais à des années-lumière de l'imaginer, au départ. C'était encore plus improbable pour moi que de faire de ma passion mon métier. Les primatologues les considéraient soumises au roi Kong, le dos argenté trônant au sommet de son empire, désignant *d'un doigt* les heureuses élues qui l'accompagneraient et prenant toutes les décisions pour le groupe. Mais c'était une vision tronquée, fondée sur un a priori.

Quand j'ai progressivement écarté les branches pour surprendre les gorilles dans leur vie quotidienne, c'est un autre monde qui s'est révélé à moi. Un monde où les femelles se battent pour leurs droits. Elles luttent en effet pour l'accès à la meilleure nourriture (quitte à recourir à la ruse pour parvenir à leurs fins), pour avoir voix au chapitre sur les décisions concernant la communauté, et choisissent elles-mêmes leur partenaire sexuel et le père de leurs enfants.

Mieux, les femelles votent lors du choix des déplacements du groupe. Je ne parle pas de façon métaphorique. Elles ont littéralement un *droit de vote* et l'expriment par des « grunt » sonores. Une sorte de vote à main levée, mais vocal. Quel primatologue aurait pensé cela possible ? Bref, on se méprenait totalement sur leur rôle, et surtout sur la volonté de fer qui les animait – si vous pensez que je suis coupable d'anthropomorphisme, ce livre risque de vous surprendre…

C'est le propre de la recherche scientifique : nous sommes parfois convaincus de certaines « vérités » qui, avec le temps, se révèlent inexactes et sont réfutées de manière retentissante. Là-bas, dans les profondeurs de la jungle, j'ai souvent eu du mal à me convaincre que les choses n'étaient pas telles qu'on les imaginait. Après de nombreux séjours en Afrique centrale au contact des gorilles, je suis de plus en plus impressionnée par les exceptions qu'ils me découvrent, en particulier celles des femelles ! Dans le monde animal, la flexibilité est la clé pour pouvoir faire face à de nouvelles situations, s'adapter et survivre… au point qu'on peut la voir comme une forme d'intelligence.

C'est peut-être la plus grande leçon que les Queen Kong m'ont enseignée au fil du temps : il existe une loi de la jungle au féminin, totalement ignorée jusqu'ici. Mais ce jour-là, lorsque j'ai atterri en République centrafricaine pour ma première mission, je n'avais aucune idée des épreuves que je devrais traverser pour parvenir à ces conclusions.

1

Premier contact

Aujourd'hui encore, c'est un magnifique souvenir, très vivace, et riche en adrénaline. Il suffit que je me remémore la scène pour être saisie de palpitations, comme si revivre cet instant continuait de produire le même effet sur moi, vingt-cinq ans plus tard. Ma première rencontre avec un gorille sauvage a aussi marqué mes premiers pas en République centrafricaine (RCA). En arrivant à Bai Hokou, dans le campement planté au milieu de la jungle, dans le parc national de Dzanga-Ndoki, plus précisément dans les aires protégées de Dzanga-Sangha, je n'avais qu'une idée en tête : voir les gorilles le plus vite possible. Les lieux s'avéraient encore plus rustiques que le fruit de mon imagination quand j'avais essayé de me représenter une mission européenne en Afrique. J'avais devant moi un ensemble de huttes en bois, surélevées pour éviter la visite des différents habitants de la forêt, surtout les insectes et les serpents. Au nombre d'une demi-douzaine, elles possédaient un toit fait d'un matériau nommé *bambou* dans la langue locale, même s'il s'agissait en réalité de feuilles séchées et épineuses du *Raphia*, le seul palmier poussant dans la forêt, un palmier grimpant et épineux (plus tard, j'apprendrai qu'en dépit de sa tige hérissée d'épines effilées, les gorilles parviennent à ouvrir le cœur de cet arbre avec leurs longues canines, pour en manger goulûment la moelle).

Les ouvertures des cases n'avaient pas de vitres, mais de simples moustiquaires métalliques plus ou moins robustes. Au centre du campement se trouvait une grande case en bois qui faisait office de bureau, où l'on stockait tous les dossiers de données sur les gorilles et le peu de matériel à notre disposition, ordinateur, téléphone satellitaire et appareil photo (pas de GPS, un instrument inutile à l'époque, les signaux ne traversant pas l'épaisse canopée de la jungle). C'était le seul endroit du camp alimenté en électricité, grâce à une batterie de voiture reliée à des panneaux solaires.

Le campement était dirigé par la primatologue à qui je devais ma venue, Chloé Cipolletta, une jeune Italienne pleine d'énergie et d'enthousiasme qui avait initié et développé le programme d'habituation des primates. Mince, de taille moyenne, avec des cheveux courts châtain foncé et un tatouage sur une oreille (fait en Indonésie lorsqu'elle y était allée pour observer les orangs-outans), Chloé était un tourbillon de joie doté d'un esprit pratique, d'une grande rigueur scientifique et d'une intelligence sociale pénétrante. Si la RCA abritait le seul site au monde où l'on pouvait observer des gorilles de l'Ouest partiellement habitués à la présence de l'Homme, le mérite lui en revenait en très grande partie. Comprenant mon impatience, Chloé me donna le feu vert pour partir dès le lendemain dans la forêt. Cette sortie allait m'offrir un parfait aperçu des règles à respecter pour pister les gorilles, mais surtout… de ce qu'il ne fallait pas faire !

Il est décidé que la volontaire précédente m'accompagnera (ayant fini son année sur place, elle repartait bientôt en Italie, et j'allais la remplacer, endossant le rôle de l'étudiante qui n'avait tenu qu'un mois sur place). En effet, impossible pour l'instant pour moi de me rendre seule dans la forêt. Pourquoi ? D'abord, parce que je dois au préalable me former au moins un mois et demi durant pour me familiariser avec les techniques d'approche des gorilles et celles de récolte de données. Ensuite, parce que je ne parle pas un traître mot de sango, la langue de la République centrafricaine. Or s'aventurer au cœur de la jungle exige de pouvoir communiquer un minimum avec les pisteurs des gorilles, des membres d'un peuple autochtone de chasseurs-cueilleurs, les Aka, qui s'appellent *en loco* les Bayaka. Ce sont les véritables maîtres des lieux. Eux seuls savent retrouver et suivre les traces de la même famille de gorilles. Ils connaissent la forêt comme leur poche ; ils y vont sans carte ni GPS, et peuvent identifier pratiquement toutes les plantes et tous les animaux, les dons du ciel comme les mauvaises surprises.

Prudence

Lors de cette première sortie, je suis déjà folle de joie. L'enfant qui continue de vivre en moi va enfin voir son rêve *sortir du tiroir* ! J'espère surtout de tout cœur voir le dos argenté, certainement à l'époque pour moi l'individu le plus fascinant et le plus charismatique du groupe. Chloé et Carla me préviennent néanmoins : les trois gorilles auxquels nous allons rendre visite ne sont que semi-habitués.

Pour étudier les détails du comportement des primates sauvages, la principale méthode d'observation directe est en effet l'habituation des groupes d'individus, à la présence humaine. Il s'agit d'un (très) long processus (pour les gorilles, mais cela peut être plus rapide pour d'autres primates), au cours duquel on s'approche silencieusement et prudemment des groupes sauvages sans se faire repérer. En revanche, une fois à proximité, l'observateur manifeste sa présence par un signal acoustique, le clacking (claquement de langue à intervalles réguliers), de façon à attirer l'attention visuelle et auditive des animaux, et progressivement les habituer à l'Homme.

L'habituation consiste à répéter l'approche jusqu'à ce que le groupe se rende compte que nos intentions sont pacifiques et, surtout, qu'abandonner l'arbre ou le site d'alimentation au profit d'intrus sans danger n'en vaut pas la peine. L'idée est qu'avec le temps, les gorilles nous considèrent comme un élément neutre de l'environnement. Comme n'importe quel autre animal avec lequel ils partagent la forêt, en somme. La forêt de plaine, particulièrement dense, ne facilite pas les choses. Il faut s'approcher très près des gorilles pour pouvoir les observer et se faire voir, ce qui signifie prendre le risque de provoquer un effet de surprise non désiré.

Le groupe que nous sommes supposés voir le lendemain n'étant que semi-habitué, il est impossible de les suivre dans la végétation épaisse – trop risqué. Nous devrons nous contenter de les entendre vocaliser, et éventuellement de les apercevoir à travers les buissons, de suffisamment loin pour qu'ils vaquent à leurs occupations quotidiennes en toute tranquillité. Le moment tant attendu ne sera donc pas pour cette fois, a priori. Pas grave, je me contenterai d'entendre des vocalises et de voir la végétation bouger. J'ai attendu quinze ans pour venir en Afrique tropicale, je peux bien patienter quelques jours de plus !

Le soir, je prendrai un moment pour écrire à ma mère. Au fil des mois et à chacun de mes séjours en

Afrique, elle sera ma confidente, la présence vers laquelle je me tourne les jours d'euphorie comme lorsque mon moral chute. Elle lira mes succès avec les gorilles autant que mes échecs. À travers mes e-mails, elle ne manquera pas une miette de mes aventures ni des divers désagréments physiques que j'endurerai. Elle sera le réceptacle de mes plaintes à la saison des moucherons, quand les insupportables *sweat bees* passent à l'attaque, de petites abeilles noires qui ne piquent pas, mais qui entrent dans le nez, les yeux et les oreilles pour se nourrir de votre sueur. (La chose que mes étudiants détestent le plus aujourd'hui dans la forêt !) Ou quand je serai clouée au lit, frissonnante et transpirant à grosses gouttes, terrassée par la fièvre paludique. Par la seule force du lien ténu qui me relie à ma mère, la connexion Internet satellite au débit anémique dont bénéficie le campement, je me sentirai un peu moins seule, malgré le continent qui me coupe de mes proches et de ma vie d'avant.

Ce soir, je lui livrerai quelques détails sur mon arrivée. Elle apprendra que l'endroit est magnifique ; le camp a beaucoup de petites maisons et de paillotes, où vivent les Bayaka et les assistants de terrain locaux, tous très joyeux et gentils. Et aussi que j'ai pris une douche merveilleuse dans la petite cascade avec de magnifiques papillons bleu émeraude qui volaient autour de moi : le paradis sur Terre. Le message envoyé, il est temps pour moi d'aller dormir.

Je ne m'endors pas dans une maison, mais dans une tente pour deux personnes, plantée en périphérie du campement. Elle sera mon refuge pour l'année à venir. Je ne la rejoindrai que la nuit, pour m'écrouler immédiatement, harassée de fatigue. J'en serai l'unique occupant, avec pour seule compagnie les innombrables oiseaux et insectes qui donnent une voix à la forêt. Mais cette première nuit, je ne parviendrai pas à m'assoupir, emportée par l'enthousiasme de mon rêve qui se réalise et les nombreuses bestioles qui s'agitent, dont des cafards forestiers volants et des sauterelles d'un vert vif en forme de feuilles qui heurtent continuellement et bruyamment les parois de ma tente. J'attendrai avec impatience le lever du jour.

« Oreilles fermées »

Onze heures le lendemain : nous cheminons avec deux pisteurs bayaka le long d'un sentier boisé. L'un mène la marche, l'autre la ferme. Sur nos flancs, la visibilité ne dépasse pas cinquante centimètres ! Les sens en éveil, nous guettons chaque bruit susceptible de trahir la présence des gorilles. La chance ne me sourit pas : avant le départ, nous avons appris par l'équipe du campement nous ayant précédés le matin que le trio de gorilles a été vu près de deux kilomètres au sud-ouest du campement. Il s'agit d'un coin de la forêt où pousse une végétation dense avec peu de grands arbres, un entrelacs floral traversé de lianes épineuses typiques de la région.

Cet enfer vert, nommé *ebuka* dans la langue locale, est inhospitalier pour les humains, mais c'est un havre de paix pour les gorilles. Il leur offre gîte et couvert. Ils y trouvent en effet de quoi se nourrir, surtout en pleine saison sèche comme en ce moment, au mois de décembre, et y puisent les herbes nécessaires pour construire des nids où s'abriter la nuit, même s'ils s'y reposent aussi le jour, sans doute rassurés par l'aspect protecteur de la végétation herbacée qui couvre le sol de ce maquis. Or les occasions d'observer des gorilles semi-habitués sont proches de zéro dans cet environnement touffu. Le Bayaka qui ouvre la marche s'appelle Molongo. Pisteur incroyable et par ailleurs chaman dans son village, il travaillait déjà avec des primatologues à Bai Hokou, dans les années 1990, avant même que Chloé ne s'y installe. Son claquement de langue est le plus puissant que j'aurai l'occasion d'entendre au cours de mes séjours africains. Question de conformation de sa bouche probablement, il est si énergique qu'il résonne et pénètre loin dans le bush.

Soudain, Molongo s'arrête, tourne la tête d'un côté, puis de l'autre de façon mécanique. Il a perçu quelque chose, c'est évident. Je suis surprise, car je n'ai rien entendu pour ma part. Je m'attends à ce qu'il nous fasse comprendre par gestes que nous approchons de nos cibles. Mais, d'un air très mécontent, il se tourne vers

Carla qui marchait collée derrière lui. Ensuite, il me regarde et parle sango en fronçant les sourcils. Je me tourne vers Carla, qui m'explique que Molongo est contrarié par le fait que la petite *fini wali mbunju*, la « nouvelle femme blanche », fait trop de bruit avec ses grosses chaussures de trekking. Selon l'expression consacrée en sango, ce vacarme lui « ferme les oreilles ». À l'en croire, je l'empêche d'entendre si les gorilles sont proches ou non.

Ce sera une leçon pour moi. L'un de mes premiers apprentissages au cours des prochaines semaines sera de savoir cheminer en silence à la manière des Bayaka, mais sans atteindre la perfection de leur furtivité. Il faut lever davantage les pieds tout en progressant lentement (c'est d'ailleurs, aujourd'hui, la première chose que j'enseigne à mes étudiants). C'est la raison pour laquelle les Bayaka, pour marcher dans les épines, la boue et au milieu des terribles fourmis, délaissent les chaussures de randonnée quand on leur en offre, préférant conserver leurs tongs.

Garder son calme

La brousse est devenue presque impénétrable depuis un moment déjà. Les minutes se suivent et se ressemblent. Nous marchons lentement le long du chemin qui divise le grand ebuka en deux. Le claquement résonne fort à chaque pas parmi les bruits des insectes et des oiseaux de la forêt. Soudain, le temps sort de sa torpeur et s'accélère. Une gigantesque montagne noire surgit devant nous en hurlant. Une masse musculeuse, l'arrière irisé de reflets gris. Avec sa crête rouge et ses bras noirs plus poilus que le reste du corps, il est beau et spectaculaire, dans tous les sens du terme. C'est Mlima, le chef du groupe Munye que nous pistons, composé aussi par sa femelle Mata et leur petit nourrisson d'environ trois ans, Ndimbelimbe. Sans nous en rendre compte, nous nous sommes trop approchés d'eux.

« Accroupis-toi, reste immobile et baisse le regard ! » Les mots qu'a prononcés Chloé lorsque je me préparais pour aller en forêt résonnent dans ma tête. Je m'exécute au plus tôt, même si je suis complètement captivée par cet être aussi merveilleux que menaçant. Le colosse charge, mais pas sur moi. Il se jette sur Molongo, en première ligne, qui a le bon réflexe et se ramasse au sol pour se protéger. Hélas, ce n'est pas suffisant. Nous avons effrayé Mlima, et il veut nous montrer qui est le vrai maître des lieux. Il saisit la jambe droite de Molongo et la griffe des ongles proéminents de sa puissante main. Puis, sa mise en garde accomplie, il s'évanouit dans la nature. Comme si son irruption n'avait été qu'une apparition fugace.

Après l'attaque, l'odeur âcre de Mlima imprègne encore l'environnement autour de nous. Tout le monde, sauf moi, est choqué. Avec le recul, si je ne partageais pas l'émotion des autres, c'est sans doute parce que je ne me rendais guère compte de la gravité de la situation. Ce n'est pas tellement la violence de l'attaque qui les alarme (Molongo s'en est sorti avec deux petites égratignures) que son caractère physique. Les gorilles mâles dos argenté réagissent en chargeant quand ils se sentent, eux ou leurs proches, menacés. D'habitude, les charges sont des bluffs destinés à effrayer, et c'est pourquoi rester sans défense est la meilleure façon de les affronter.

Au fil du temps, j'ai pu constater que, même chez les femelles adultes, lorsqu'elles se disputent entre elles et que l'une menace l'autre, l'attaquée reste immobile comme une statue. Après quelques minutes, elle disparaît avec des mouvements au ralenti, parfois imperceptibles, sous le regard inquisiteur de l'attaquante, prête à bondir sur la malheureuse au premier faux pas.

Ainsi, lors des charges, les contacts physiques, comme celui subi aujourd'hui par le pisteur, demeurent fort rares. Raison pour laquelle mes accompagnateurs sont très préoccupés. Mais ni Molongo ni Carla ne semblent pourtant découragés par l'incident. Nous repartons donc à la recherche des gorilles. Cette fois, nous les entendrons de loin et resterons à l'écart, ne voyant rien d'autre que des feuilles en mouvement pour le reste de la journée.

Nécessaire danger

« Tu es sûre de vouloir rester ? » me demande Chloé, au campement. Elle redoute que cette première rencontre violente ne m'ait découragée de passer un an à Bai Hokou. Elle veut éviter la répétition d'une mauvaise surprise : la volontaire qui m'a précédée a fait ses valises au bout d'un mois seulement. Je comprends à peine le sens de ses paroles. Pour moi, au contraire, cette journée a été merveilleuse.

L'assaut de Mlima n'a pas entamé mon propre enthousiasme, je suis toujours gonflée à bloc. J'ai observé un magnifique et somptueux dos argenté à seulement quelques centimètres de moi, alors que je ne m'y attendais pas ! C'est tout ce qui compte. Malgré la brièveté de la rencontre, j'en ai vu assez pour savoir que c'était à la fois le même animal que ceux que mon père m'avait amenée admirer au zoo de Rome, enfant, et en même temps un être différent. Mlima avait une musculature plus puissante et le ventre bien plus rebondi que ses congénères derrière des barreaux. Et une colère bien moins retenue… Je suis ravie d'avoir contemplé le dos argenté d'aussi près. Et je n'ai qu'une hâte : retourner dans la forêt. Un cocktail d'adrénaline pure, voilà le résumé de mon premier contact avec les mystérieux gorilles de l'Ouest !

Contrairement à moi, Chloé se montre très inquiète de notre mésaventure. Nous avons frôlé le drame, et l'attitude de Mlima ne présage rien de bon pour la progression de l'habituation. Le mâle avait déjà mordu un autre Bayaka l'année précédente, et c'était son premier contact physique avec l'Homme depuis cet incident. La situation est délicate, et l'équipe doit à présent redoubler de prudence.

L'habituation est le long et laborieux « premier contact » avec un groupe de primates, surtout avec les gorilles, le prologue nécessaire à tout suivi, mais il peut s'avérer très dangereux dans le cas d'animaux qui défendent activement leur famille, comme les gorilles. Le dos argenté (ou les différents dos argentés du groupe, dans le cas des gorilles de montagne) se transforme en véritable machine de guerre s'il sent ses femelles et ses petits en danger.

S'il est si dangereux de suivre à la trace les gorilles, alors, pourquoi le faire ? Parce que nous n'avons pas le choix si nous voulons mieux les connaître afin de les protéger. Les autres méthodes indirectes d'étude des gorilles de l'Ouest en milieu naturel posent des problèmes. Prenez l'alimentation, par exemple : en analysant les fèces des gorilles, après qu'elles ont été soigneusement lavées à l'aide d'un tamis pour éliminer la matrice fécale, on parvient à estimer le pourcentage en volume des fruits et celui des fibres (herbes, feuilles, écorce, etc.) dans le régime alimentaire. On y décompte également le nombre d'exosquelettes de certains insectes, comme des fourmis ou des termites, ingérés par les gorilles.

Toutefois, même menées avec rigueur, ces analyses sont par nature inexactes. Pourquoi ? Pour la simple et bonne raison que les gorilles n'ingèrent pas toujours les graines des fruits (cela dépend de la taille de l'individu et aussi de celle de l'espèce des graines) ou mangent principalement les larves de termites qui, n'ayant pas de chitine, et donc pas d'exosquelette, sont entièrement digérées dans l'intestin. De telles erreurs, et il y en avait d'autres, ont conduit à sous-estimer la diversité et la quantité de nourriture qu'ils ingéraient pour leur subsistance.

À l'époque de mon premier séjour à Bai Hokou, les seules études directes des comportements de cette espèce de gorilles étaient assurées de loin. Il s'agissait d'observations menées depuis des plateformes surplombant d'immenses clairières en pleine forêt, souvent marécageuse. Ces clairières, des salines en termes scientifiques et des *bai* dans la langue des Bayaka, sont entretenues tout au long de l'année par les éléphants de forêt qui y trouvent un havre riche en eau et en sels minéraux. Les pachydermes y côtoient des troupeaux de buffles de forêt aux plumes jaunes jaillissant de leurs oreilles et les magnifiques antilopes de forêt, dont la plus grande, le bongo (symbole des aires protégées de Dzanga-Sangha), de la même couleur brun-orange que les buffles de forêt, est aussi imposante qu'un cheval et possède de longues cornes et un corps strié de blanc.

Véritables paradis pour les amoureux de faune sauvage, ces bais sont également fréquentés à l'occasion par les deux « sangliers » de la forêt africaine, le potamochère orange et le hylochère, ce gigantesque animal noir presque fantastique, sans oublier les innombrables espèces d'oiseaux, dont des perroquets cendrés particulièrement intelligents, des calaos majestueux et bruyants, des vautours palmistes blanc et noir, mais surtout des groupes d'ibis falcinelles bruns qui décollent en d'impressionnantes volées criantes pour avertir de notre présence. Quand les bais sont spacieux et désertés par les éléphants, ils sont aussi parfois le lieu de rassemblement de plusieurs groupes de gorilles, qui viennent y satisfaire leur gourmandise envers certaines plantes aquatiques riches en minéraux (comme au célèbre Mbeli Bai, en République du Congo, qui attire animaux et touristes).

Les premiers chercheurs à s'être intéressés aux gorilles de l'Ouest ont passé de longues périodes sur les plateformes des bais pour documenter leur comportement. Bien que ces travaux soient très importants pour comprendre la dynamique des populations, la taille moyenne des groupes, les comportements sociaux des gorilles ainsi que divers traits vitaux (comme le schéma de croissance, l'âge et la taille à la maturité, l'âge de reproduction, le taux de survie spécifique à l'âge, etc.), ils nous apprennent peu de choses sur l'écologie ou la vie des gorilles en forêt. Il s'agit d'observations recueillies sur une très petite fenêtre du quotidien de chaque groupe, hors de la canopée forestière, étroitement liées à ces lieux spécifiques marécageux. En outre, les gorilles ne viennent s'y alimenter qu'à certaines périodes de l'année.

Toutes ces limitations expliquaient pourquoi les connaissances sur les gorilles de l'Ouest étaient si minces dans la littérature scientifique. Et pourquoi un processus d'habituation avait été mis en place à Bai Hokou, seul moyen de révéler les mystères de ces extraordinaires primates.

À vrai dire, une autre raison avait présidé au lancement du programme d'habituation, plus pratique : les retombées économiques destinées à financer la conservation des gorilles et de la biodiversité. Au Rwanda, les touristes étaient prêts à dépenser plus de 1500 euros pour passer une heure à observer de près les gorilles de montagne. Le WWF de la République centrafricaine espérait bien réitérer l'expérience en Centrafrique. Avant le début de la guerre civile en RCA en 2013, les sommes engrangées avec le tourisme à Dzanga-Sangha remboursaient intégralement les frais engagés pour la préservation de cette espèce en danger critique de disparition. 10 % de l'argent issu de l'écotourisme lié à l'observation des gorilles allait au gouvernement de la RCA, envoyant le message que le patrimoine naturel du pays mérite d'être protégé car capable d'apporter des devises. 40 % partait vers des ONG locales qui soutiennent les populations mitoyennes de la forêt, une aide qui les encourageait à préférer les gorilles vivants plutôt que morts. Et le reste servait à payer le salaire des écogardes qui effectuent des patrouilles régulières dans le parc et luttent contre le braconnage. Aujourd'hui, on revient petit à petit à ce fonctionnement, même si malheureusement la guerre civile continue et que les gorilles de Dzanga-Sangha, comme nous le verrons, ont connu des jours meilleurs…

2

Des années dans la jungle

Le dos argenté qui nous avait chargés, Mlima, allait-il finir par s'apaiser et se familiariser avec notre présence ? Comment le groupe allait-il vivre la suite de l'habituation ? Voilà les questions qui me taraudaient après cette première rencontre sur le terrain. Le soir, quand je me suis couchée dans ma petite tente, j'avais encore en esprit le portait du dos argenté. C'était une version plus musclée et plus svelte des gorilles des zoos. Comme je l'ai dit dans l'introduction, les individus que vous observez dans les zoos sont exclusivement des gorilles des plaines de l'Ouest, ceux-là mêmes que j'étais venue étudier en changeant de continent.

Cette ubiquité en captivité n'est guère surprenante, car ces gorilles constituent la sous-espèce la plus abondante, avec environ trois cent soixante mille individus en milieu naturel, bien que leur population diminue toujours plus chaque année. Il faut préciser que l'essentiel des grands singes, gorilles et autres, des zoos n'a pas été prélevé dans la nature. Il s'agit d'individus nés en captivité grâce aux programmes d'élevage et d'échange du réseau des zoos européens et internationaux. Aujourd'hui, il est interdit d'en capturer en milieu naturel.

Les gorilles de montagne (*Gorilla beringei beringei*), qui vivent en altitude dans l'est du continent, dans la région des Grands Lacs africains, sont plus rares et probablement plus délicats s'accommodant mal des conditions de captivité. En revanche, ils sont la seule population de gorilles, et de grands singes en général, à avoir vu leurs effectifs croître ces dernières années, alors même qu'il subsiste une petite population d'environ 1 000 individus dans une forêt d'altitude plutôt réduite. Il était urgent de les protéger, comme l'a clamé à la face du monde dans les années 1970 la primatologue américaine Dian Fossey, qui a payé de sa vie son engagement. Son œuvre perdure à travers le Dian Fossey Gorilla Fund, très actif dans la préservation de cette population et la recherche scientifique.

Il existe deux autres populations de gorilles, qui sont des sous-espèces des précédentes. Rares et très méconnues, elles ne sont pas plus représentées dans les zoos. Le gorille de la rivière Cross (*Gorilla gorilla diheli*), qui habite dans l'ouest de l'Afrique, ne compte que des populations relictuelles de deux cent cinquante à trois cents individus dispersés dans des parcelles de forêt isolées les unes des autres. Dans l'Est, les gorilles de Grauer (*Gorilla beringei graueri*, anciennement appelés gorilles des plaines de l'Est), cousins des gorilles de montagne, vivent dans l'une des régions les plus touchées par la guerre civile en Afrique, dans la partie orientale de la République démocratique du Congo. En raison de la situation locale dangereuse, recenser cette sous-espèce reste délicat et, en outre, ces primates sont particulièrement affectés par le braconnage et par l'extraction illégale de charbon et de minéraux. On estime l'effectif entre trois mille six cents et trois mille huit cents individus.

Gorilles de l'Ouest

Mlima, le mâle que mes yeux avaient photographié plus tôt dans la journée, avait peu à voir avec les gorilles de montagne qu'on admire dans les documentaires. Ceux de l'Ouest sont moins poilus, car les forêts de leur biotope sont moins froides que celles des montagnes. Ils sont aussi légèrement plus petits, en raison d'une règle écogéographique (la loi de Bergmann) qui relie la taille au climat : une espèce vivant dans un endroit frais aura tendance à être de plus grande taille que son équivalent bénéficiant d'un environnement plus chaud. La taille légèrement supérieure des gorilles de montagne (et le poids : ils pèsent deux cents kilos, contre cent quatre-vingts pour le dos argenté) leur assure un rapport surface/volume inférieur et donc la faculté de mieux conserver leur chaleur corporelle.

En outre, le pelage plus court des gorilles de l'Ouest est aussi beaucoup plus coloré. Par rapport aux gorilles de montagne, ces derniers arborent sur la tête un superbe « bonnet » rouge-orange (comme l'appellent les Bayaka). Dans le cas des dos argentés, il met en évidence leur impressionnante crête sagittale, un caractère sexuel secondaire crucial pour la compétition entre les mâles. Mlima exhibait un large dos argenté, qui lui descendait de la tête à la pointe du talon. Cet attribut est beaucoup plus étendu que celui des gorilles de montagne, chez qui il adopte plutôt une forme de selle.

Les gorilles des montagnes et ceux de l'Ouest se distinguent sur un autre aspect : la vitesse avec laquelle ils acceptent les primatologues à leurs côtés. Deux ans suffisent en effet pour achever l'habituation d'un groupe chez les premiers, contre six à huit ans en moyenne pour les seconds. Avec cette conséquence impressionnante : aujourd'hui, 90 % de la population de gorilles de montagne est *habituée* à la présence humaine, contre seulement six ou sept groupes dans l'ouest de toute l'Afrique.

La facilité avec laquelle s'opère l'habituation chez les gorilles de montagne s'explique par la nature de leur environnement. La pente des reliefs où ils vivent autorise une meilleure visibilité de loin et donc une approche progressive des animaux, afin qu'ils s'habituent lentement à la présence d'observateurs étrangers dans les environs. Par ailleurs, ils peuplent des forêts clairsemées, au sol tapissé essentiellement d'herbes, où leurs piétinements creusent de véritables autoroutes. Dans ces conditions, suivre quotidiennement le même groupe est un jeu d'enfant – ou presque.

Pisteurs hors pair

Dans les forêts de plaine, comme celle de la République centrafricaine, c'est une tout autre histoire. L'abondante canopée rend le sous-bois moins herbacé, voire complètement absent dans certaines zones. Y suivre les traces d'une même famille de gorilles relève d'un véritable exploit, d'autant que les gorilles de l'Ouest se déplacent beaucoup plus que leurs pendants des montagnes. Seuls des chasseurs-cueilleurs aguerris comme les Bayaka réussissent ce tour de force. L'habituation des gorilles de l'Ouest leur doit tout. Leurs compétences pour pister les gorilles sont inégalées sur le continent africain.

Les Bayaka savent finement repérer les traces que laissent les gorilles de l'Ouest. Il peut s'agir de restes de nourriture (des tiges, des fruits ou des feuilles), d'excréments ou d'empreintes de doigts ou de pieds imprimées sur des dalles de sable humide. Ils dénichent ces marques même quand elles deviennent ténues pendant la saison sèche, de décembre à février. En somme, les Bayaka voient l'invisible. Et je n'exagère pas. Ce sont de vrais génies de la forêt. Au fil des études sur l'alimentation et d'autres que j'ai menées, j'ai volé une partie du savoir incroyable de leur peuple : j'ai appris quelques bases du pistage. Néanmoins, une grande partie de leur superpouvoir m'échappe toujours.

Une feuille ou un arbrisseau plié près du sol, d'une manière non naturelle ? OK, un animal est passé par là – jusque-là, je le remarque aussi aujourd'hui. Mais de là à préciser l'espèce en question… Seuls les Bayaka sont capables d'une telle prouesse. Comment ils s'y prennent, en revanche… cela demeure un mystère pour moi.

Les Bayaka sont aussi de remarquables ballerines, capables de se mouvoir dans la jungle avec élégance et agilité, dans un silence parfait, évitant les lianes et marchant sur le tapis de feuilles sèches comme sur du velours. Aussi surprenant que cela paraisse, le tempérament des Bayaka est assez homogène au sein des individus que côtoie la mission. Ce sont des hommes, petits par la taille mais majoritairement trapus et musclés, toujours prêts à sourire et à s'émerveiller. Vêtus de T-shirts troués par les lianes épineuses, de shorts courts et chaussés généralement de tongs, ils marchent rapidement dans la forêt. Ce n'est pas un hasard si les premiers mots au campement qu'on vous apprend en langue locale sont « *Yéké yéké* », soit « Doucement, doucement » ! De même, le premier mot italien qu'ils ont retenu est « *Aspetta* » (« Attends »).

Comme les Bayaka (plus près d'une imitation que d'une reproduction, d'ailleurs), j'apprendrai moi aussi à marcher dans la jungle, à faire attention à chacun de mes pas, essayant de glisser sur le sol et non de le marteler avec mes pieds comme le font au début les étudiants et les touristes qui viennent voir les gorilles. Pour la survie en forêt tropicale, les Bayaka maîtrisent d'autres compétences que la furtivité. Leur ouïe et leur odorat sont pratiquement bioniques. Ils entendent de loin le murmure d'une feuille arrachée par les gorilles, ainsi que leurs vocalisations basses et timides ; ils sont capables de sentir à des centaines de mètres l'odeur piquante typique des dos argentés.

Ils avancent en forêt en tongs et parfois sans sandales, sans crainte des blessures, ni des serpents mortels ni des insectes dangereux ! Je ferai d'ailleurs part de mon étonnement à ma mère dans un message. Je lui raconterai que je m'étais mise moi aussi à cheminer pieds nus dans la forêt, même dans les marécages et les trous d'eau où stagne de la boue mêlée aux fèces d'éléphants. C'est plus confortable ainsi, sinon on mouille ses pantalons et ses chaussures. Plus tard, je finirai par contracter un champignon qui me réveillera la nuit à cause des démangeaisons insupportables qu'il provoque.

Ce que j'ignorais quand j'ai commencé à traverser les points d'eau sans chaussures, c'est que cette alternative me causerait d'autres problèmes, bien plus graves : des vers intestinaux qui pénètrent par le pied. Selon mon médecin parisien, ils devaient venir probablement des gorilles plutôt que des humains. Il me traitera aveuglément avec un cocktail de tous les antiparasitaires existants.

Peur suprême

Même si les Bayaka sont dotés de superpouvoirs, ils restent des hommes avec leurs peurs. L'un des moments les plus effrayants, quand on suit des gorilles, survient lorsqu'un éléphant surgit soudainement dans notre dos. Les éléphants de forêt peuplent densément la région, à un niveau bien supérieur aux gorilles. Étant donné qu'ils sont en compétition pour la nourriture (consommant souvent les mêmes fruits et même les mêmes herbes), il semble y avoir une sorte de loi inverse : là où il y a beaucoup d'éléphants, la population de gorilles est réduite. Et c'est le cas de la région autour de Bai Hokou.

Or, non seulement les éléphants s'avèrent très sensibles aux vibrations du sol et aux odeurs, mais ceux des forêts sont également myopes – la vision à longue distance est inutile dans une végétation dense. Nous voilà alors pris en sandwich, coincés entre la fureur d'un ou plusieurs pachydermes, souvent inconscients de ce qui se trouve devant eux, et celle des gorilles, qui se réveillera si jamais nous les provoquons ! Deux dangers pour le prix d'un. Si un gorille ne cherche généralement qu'à vous réprimander et à vous remettre à votre place, il est difficile de sortir vivant d'une attaque physique d'éléphant. Une fois qu'il a immobilisé et blessé sa victime avec ses défenses, il l'écrase avec son crâne pour la tuer.

La majorité des Bayaka (mis à part les chasseurs d'éléphants) ont très peur de ces pachydermes. Dans cette terrible situation, l'instinct de conservation de la plupart d'entre eux est alors de courir aussi vite que possible dans la direction opposée à celle de l'éléphant. Le seul problème est qu'il s'agit de la direction dans laquelle les gorilles mangent paisiblement. Pris en sandwich entre les deux animaux, mieux vaut alors garder la tête froide… J'ai l'habitude, dans ce cas, d'attraper très rapidement le premier Bayaka par le T-shirt et de lui dire : « On court doucement sur le côté ! » Ce sont des moments de panique où il faut réagir immédiatement et sans hésitation. Généralement, je parviens en quelques secondes à convaincre mes pisteurs de suivre cette stratégie.

Me revient en mémoire la morsure que Makumba, déjà habitué, avait infligée à un pisteur qui fuyait un éléphant. J'ai l'habitude de dire que marcher dans la forêt tropicale à Dzanga-Sangha à certaines périodes de l'année, lorsque les éléphants patrouillent à la recherche de fruits, revient à se promener dans Jurassic Park. Tous les sens sont en alerte, les yeux scrutent chaque branche et chaque feuille proches ou lointaines qui pourraient bouger, car le *Tyrannosaurus rex* de la forêt pourrait se cacher derrière. Comment rater un animal de cette taille, m'opposerez-vous ? Eh bien, les éléphants sont parfois silencieux, immobiles et pratiquement invisibles. Avec leur peau gris foncé, ils se fondent dans la végétation et l'ombre de la forêt. Même les gorilles n'y voient parfois que du feu.

D'ordinaire, les Bayaka ne pistent pas vraiment les gorilles pour les étudier. Ils les chassent ponctuellement pour en consommer la viande ou pour des rituels magiques, mais l'agressivité de ces animaux les terrifie. Alors, quand Chloé, à son arrivée des années plus tôt, avait tenté de les convaincre de s'approcher d'eux, leur machette au campement, pour les habituer à la présence humaine, ils l'avaient prise pour une folle ! De la pure science-fiction... Plus tard, Chloé avait rendu des services à leur communauté ; elle s'était occupée de leurs droits, de leurs familles, et lorsqu'ils avaient compris que pister les gorilles leur offrirait un travail stable, ils s'étaient laissé persuader qu'après tout, c'était peut-être possible. Avec le temps, Chloé est devenue leur grande *Kombetti abaitu*, une expression traduisible par « femme âgée », mais synonyme plutôt de sage ou de guide. Leurs capacités en forêt et l'habileté de Chloé à interagir avec eux, à se faire respecter tout en gagnant leur confiance ont été les clés de la réussite mondiale obtenue à Dzanga-Sangha en matière d'habituation des gorilles.

Les Bayaka sont maintenant connus dans toute l'Afrique pour leur aide fondamentale à l'habituation des gorilles de l'Ouest, au point qu'ils sont sollicités au Gabon et au Cameroun pour enseigner à d'autres chasseurs-cueilleurs l'art de pister et d'approcher ces grands singes. Mais les habitudes de ce peuple changent aujourd'hui à Dzanga-Sangha. Nombre d'entre eux travaillent pour le WWF RCA et gagnent de l'argent, et ont moins besoin de chasser pour se nourrir dans la forêt. Ils continuent cependant à s'y rendre pour quelques semaines ou quelques mois en maintenant la tradition. Souvent, les plus jeunes ne connaissent plus la forêt aussi bien que leurs parents, car ils ont passé davantage de temps à l'école (pour apprendre aussi le français) que dans la nature. Qui sait encore combien d'années les Bayaka resteront les maîtres de la jungle ?

Dix mètres

Mlima finirait-il donc par tolérer notre présence ? Si Chloé n'avait aucune réponse définitive à cette question, une certitude néanmoins nous étreignait : mieux valait que je m'arme de patience. Se faire accepter par un groupe relèverait d'un marathon, d'un long et laborieux travail d'approche. Car l'habituation des gorilles suit toujours le même scénario.

Il y a d'abord une période marquée par la peur, durant laquelle les gorilles s'enfuient. Puis les individus du groupe passent à une phase défensive, principalement menée par le dos argenté, qui, agacé par la présence continue des observateurs humains, tente de les intimider. Il charge, arrache les branches et les lianes, brise la végétation et produit des hurlements terrifiants – au début, ils ressemblent au « rugissement » d'un lion, puis à l'« aboiement » d'un gros chien (ces mots sont devenus les termes techniques pour décrire les vocalisations agressives plus ou moins fortes des gorilles).

Pendant cette seconde phase de l'habituation, qui peut durer plusieurs années comme je l'ai dit, les charges du dos argenté sont incessantes et quotidiennes. Le mâle reste là, en sentinelle, aux aguets, surveillant chacun de nos pas, de nos mouvements ou de nos vocalises.

Plus tard, au fil de mes missions en Afrique, je me suis fondue dans le décor de plusieurs groupes de gorilles. J'ai pu constater que chaque dos argenté avait son style de charge.

Une fois la peur initiale passée, les petits deviennent vite intrépides, piqués par la curiosité et l'envie d'inspecter de plus près ces créatures étranges qui peuplent souvent les parages. Aïe ! La situation est susceptible de dégénérer rapidement sous l'œil attentif du dos argenté et, pire encore, sous les cris inquiets de leurs mères, généralement les dernières à accepter notre présence.

La réactivité du mâle prend ses racines dans la structure sociale des populations de gorilles. À cause du fonctionnement de type polygénique (un mâle adulte avec plusieurs femelles), les risques d'infanticide, de la part d'autres mâles, solitaires ou appartenant à d'autres groupes, sont majeurs. Et les dos argentés sont conditionnés à répondre à toute menace envers leurs petits avec intimidation et aussi violence, si nécessaire. Heureusement, ils finissent généralement par ne plus vous voir. L'habituation est réussie lorsque la plupart des individus du groupe vous considèrent comme un élément neutre dans le paysage, c'est-à-dire qu'ils vous tolèrent à une distance d'environ au moins dix mètres.

Queen Kong

D'après mon expérience, cependant, dans chaque groupe de gorilles, il y a toujours une mère dont le cœur n'est jamais apaisé : tout simplement incapable de se résoudre à notre existence, elle continue à nous éviter ou même à crier et à nous charger. Je n'oublierai jamais que, lors des dernières étapes de l'habituation du groupe du mâle Makumba, celui que je suivrai le plus longtemps en République centrafricaine, la femelle adulte la plus puissante et la plus masculine, Bombe, explosait de colère en nous voyant – d'où son nom, bien que nous nous soyons aussi inspirés pour la baptiser d'un gros fruit rond de la forêt... Elle nous attaquait par-derrière en criant comme une désespérée. Notre simple *faute* avait été de nous trouver sur son chemin ! Alors Makumba (« courir vite » en langue locale), bien qu'ignorant de ce qui se tramait, accourait à son secours. Le grondement de sa course et ses insistants « aboiements » sonores nous terrifiaient.

Lorsqu'un gorille vous charge, prendre ses jambes à son cou constitue une grave erreur. Cette réaction garantirait de sérieuses blessures. Le gorille étant un champion de vitesse dans la forêt de lianes enchevêtrées, il vous rattraperait et se jetterait sur vous pour vous mordre de ses longues canines acérées, afin de vous punir et de vous remettre à votre place. Comme je l'ai expliqué, la meilleure stratégie est de rester parfaitement immobile (plus facile à dire qu'à faire !), en espérant qu'il déviera son attaque au dernier moment, parce qu'il vous aura vu sans défense, mais non soumis.

J'aurais vraiment aimé avoir le don de téléportation quand Bombe hurlait à un mètre derrière nous et que la terre tremblait, annonçant l'arrivée imminente de Makumba ! Mais non, je devais attendre là mon destin, immobile comme une statue de sel. Ensuite, Makumba déboulait tel un coup de tonnerre. Il surgissait chaque fois du côté opposé à Bombe (elle aimait en effet s'attarder derrière le groupe), et l'impression d'être prise en sandwich me glaçait la nuque. Le plus souvent, la situation était aggravée par le bébé de la femelle, qui, entendant les cris, se précipitait sur sa mère et se mettait à pleurer, en poussant de grands appels à l'unisson de ses parents. Le drame familial ! De quoi attiser, si besoin était, la fureur de Makumba, de loin le dos argenté le plus réactif que j'aie rencontré dans ces situations.

C'est à moins d'un mètre et demi de nous, alors que nous étions recroquevillés au sol, que celui-ci déviait soudainement de sa trajectoire, défiant toutes les lois de l'inertie. Puis il se postait non loin ; s'abattait alors sur nous une pluie de feuilles ou de petites branches. Il pouvait aussi nous en lancer pendant une charge. Un jour, l'une a failli m'éborgner, me griffant à un millimètre de l'œil. Souvent, Makumba chargeait alors à nouveau, avec un petit aboiement. Il triplait ainsi sa mise en garde, généralement en se rapprochant à chaque fois, jusqu'à finir à cinquante centimètres de nous, sous les cris constants de la femelle et du petit. Plus tard, j'ai compris que la triple charge était une caractéristique propre à ce géant, les autres mâles se contentant de nous charger une fois à chaque épisode. La scène ne durait que quelques minutes, durant lesquelles nous devions rester de marbre, mais elle s'étirait sur une éternité pour moi.

Enfin, Makumba s'asseyait à quelques mètres de nous, en nous fixant sévèrement. On me demande souvent s'il est vrai qu'il ne faut pas défier un gorille en le regardant dans les yeux pendant une charge. Difficile de répondre par oui ou par non. Lorsque le dos argenté hésite à charger et vous fixe, alors, oui, c'est préférable. Sinon, il le prendra pour un défi. Mieux vaut faire comme si de rien n'était, feindre qu'on est là par hasard et qu'on est occupé à autre chose. À l'inverse, lors d'une charge rapprochée, je trouve souhaitable d'observer le dos argenté discrètement, pour pouvoir esquiver, par de légers mouvements, une gifle au visage ou sur le corps, si ce n'est une branche dans l'œil !

Pendant que Bombe s'éloignait, son petit sur ses épaules, en nous considérant et en maugréant (elle marmonnait des sortes d'aboiements), Makumba continuait à nous mettre la pression en nous toisant. Une fois le calme revenu, après quelques minutes, il reprenait ses activités, et nous pouvions souffler et reprendre nos esprits, les mains encore tremblantes d'avoir vu la « mort » de si près.

Avec le temps, j'ai découvert que ce caractère fort des femelles gorilles était un attribut probablement nécessaire pour faire face à toutes les vicissitudes que la loi de la jungle pouvait leur réserver. Au fil du temps, les femelles gorilles tant redoutées, que je considérais comme moins belles et moins charmantes, m'ont étonnée et profondément interpellée par leur sagacité, leur rôle dans le groupe et leur capacité à survivre indépendamment de leur leader le plus évident, le dos argenté.

Dans certaines sociétés machistes humaines, comme les nôtres jadis (en Italie, mon pays d'origine, on disait que l'homme « porte le pantalon » pour indiquer que c'est qui soutenait financièrement la famille), le mâle semble commander, mais, en y regardant de plus près, on se rend compte que la femme dispose d'un pouvoir subtil, au moins aussi important. La société gorille était-elle plus complexe que je ne l'avais imaginée au départ ?

3

Un marathon dans la forêt

Makumba nous a épuisés. Il faut dire que nous cherchons ses traces depuis le matin. Nous l'avons pisté sur dix kilomètres (autant dire le triple dans l'épaisse jungle tropicale), sans savoir pourquoi il joue au marathonien aujourd'hui. Ce n'est certainement pas pour nous semer, car il est habitué, désormais. Convoite-t-il une femelle ? Autre chose ? Soudain, alors que la raison de ses efforts m'échappe de plus en plus, nous débouchons sur une immense ligne forestière, formant un sentier rectiligne bordé d'arbustes coupés à la machette, comme si une coulée verte avait été ouverte en pleine forêt tropicale. Surprise par cette vision incongrue, je demande aux deux pisteurs bayaka qui m'accompagnent : « So gne ? » *Qu'est-ce que c'est, ça ?*

Les pisteurs froncent les sourcils d'un air inquiet. « Ake bien apé ! » me répond-on. *Ce n'est pas bien !*

Quelle faute ai-je donc commise pour susciter leur agacement ? En réalité, la géopolitique locale vient gentiment de se rappeler à nous. La ligne forestière que nous venons d'atteindre matérialise la frontière avec la République du Congo, le voisin de la RCA. Mes pisteurs sont contrariés, non seulement parce que Makumba, en allant trop loin, nous a tous éreintés, mais surtout parce que s'aventurer dans cette région peut se révéler dangereux !

Si les gardes surveillant la frontière nous voyaient, ils nous battraient sévèrement, m'informent mes compagnons. J'essaie de rassurer les Bayaka : « J'expliquerai aux gardes que nous suivions des gorilles. Ils nous laisseront tranquilles. » Même si cela ne les apaise pas, nous pénétrons sur le territoire du Congo. Nous voilà repartis sur la trace du dos argenté et de sa famille. Plusieurs heures après, nous reviendrons au campement, avec toujours la même interrogation entêtante : que diable Makumba faisait-il si loin de ses terrains de jeu habituels ?

Une affaire de régime

La date offrait un indice. Nous étions mi-avril, en pleine saison de fructification. Sa longue randonnée avait-elle un rapport avec la nourriture ? Makumba avait-il parcouru plusieurs kilomètres dans le seul espoir de glaner des fruits ? Ces questions en appelaient une autre, plus globale : quel était le régime alimentaire des gorilles de l'Ouest ? À mon arrivée en RCA, cette simple question (à mon avis, la première qu'on devrait se poser lorsqu'on étudie une espèce sur le terrain, car n'importe quel animal doit, en premier lieu, se nourrir) relevait pour l'essentiel de l'énigme.

L'imaginaire collectif avait sa réponse. Quand ils ne se muent pas en King Kong chargeant les primatologues, les gorilles passent pour des créatures affables et indolentes qui ingurgitent des tonnes de tiges d'herbes et des feuilles qu'ils dégottent à portée de main. Des vaches de forêt, en somme, compensant la pauvreté calorique de leur alimentation par le nombre d'heures investies dans cette activité. Pour les gorilles des montagnes, de purs herbivores, cette vision est vraie pour une grande partie de la population. Mais *quid* des gorilles de l'Ouest ? Mes nouveaux amis collaient-ils à ce cliché partagé par Monsieur Tout-le-Monde et les scientifiques eux-mêmes ?

Les premières études indirectes, menées sur les restes de nourriture trouvés par terre et à partir des postes d'observation aux clairières, avaient ébauché les habitudes alimentaires des gorilles de l'Ouest, sans en donner d'image précise. Elles avaient ainsi démontré que ces animaux ajoutaient des fruits à leur menu, mais dans quelle proportion ? Aucune étude ne le précisait, hormis des travaux préliminaires portant sur un unique dos argenté. La comparaison avec les gorilles de montagne plaidait pour une consommation faible, une sorte de complément alimentaire, mais encore une fois cette croyance n'était étayée par aucune preuve directe. Mes études pionnières sur des gorilles de l'Ouest habitués ont complètement démoli ces a priori.

Revanche

Mes premières recherches sur le régime alimentaire des gorilles ont été principalement conduites sur le groupe de Makumba, le gorille dos argenté de l'Ouest le plus stressé que j'aie jamais rencontré. Étudier le menu des gorilles était l'une des raisons qui m'avait poussée à le suivre ce jour-là, quand nous nous étions aventurés par mégarde de l'autre côté de la frontière. Mais, pour en arriver là, il nous avait fallu au préalable achever l'habituation du groupe, une tâche qui nous avait valu plus d'une frayeur, en particulier parce que Makumba se distinguait par sa manie du contrôle, de toujours vouloir localiser tous les membres de son groupe.

Quand nous suivions ledit groupe, si d'aventure l'un de ses jeunes membres se perdait et restait en arrière, criait de peur ou faisait un « hooting » (une vocalisation à longue distance) simplement pour donner sa localisation et se faire entendre des autres, la montée d'adrénaline était immédiate ! Mes jambes tremblaient, car je savais que Makumba allait charger instantanément vers nous pour nous punir, alors que nous étions parfaitement innocents (et quand bien même nous ne nous interposions pas entre lui et son enfant égaré). Pire, si Makumba était éloigné de nous, il gagnait encore en réactivité, car il ignorait tout de ce qui était en train de se passer !

Afin d'encourager les Bayaka à continuer à suivre un Makumba furieux, j'avais trouvé une technique pour dissimuler les tremblements de mes mains après une charge : je sortais mon carnet de notes et y consignais tous les détails de l'agression. Achetés dans un surplus militaire, le cahier et le stylo que j'utilisais étaient étanches et me permettaient d'écrire même sous la pluie, qui tombe souvent en forêt pluviale… Avec cette stratégie, mes mains étaient occupées, et la manifestation de mon angoisse presque invisible. Les pisteurs n'y voyaient que du feu ! J'exerce un métier qui nécessite d'être un peu roublard.

Avec le temps, nous avions fini par rendre anodine notre présence aux yeux de Makumba, à faire partie du décor. Et nous avions même eu le droit à notre revanche vis-à-vis de Bombe, sa colérique femelle dont vous avez fait la connaissance au chapitre précédent. Contrairement à Makumba, elle ne nous a jamais aimés, même l'habituation finie. Un jour, à notre arrivée à proximité du groupe, le scénario typique s'était produit, mais avec une conclusion différente : Bombe nous tombe dessus par-derrière, son petit pousse des hurlements de détresse, le galop de Makumba retentit… Mais, alors que le colosse perce les buissons au loin, soudain, il bifurque et fonce comme un éclair sur Bombe ! Après l'avoir chargée, il s'est remis à manger tranquillement, et Bombe s'en est allée en marmonnant et poussant de petits aboiements, fort mécontente.

Quelle satisfaction de voir Makumba réprimander Bombe, parce qu'elle l'avait dérangé pour rien ! C'est un peu mesquin, je le reconnais, mais elle nous avait donné d'innombrables sueurs froides. Ce jour avait marqué un tournant décisif dans l'habituation du groupe. Désormais, Makumba ne nous considérait plus comme un danger. Il fallut encore quelques mois pour que le dos argenté, entendant nos claquements et les cris de Bombe, ne se lève même plus et continue à manger ses délicieuses feuilles d'inguka, un arbuste à feuilles vertes brillantes très commun dans la forêt de Bai Hokou.

Surprise gastronomique

L'habituation du groupe de Makumba a permis de lever le voile sur le repas des gorilles. Pour ma recherche de thèse, je devais collecter les fruits et les plantes que cette espèce consomme, les sécher et en faire l'analyse nutritionnelle. Or l'une des croyances les plus profondément ancrées chez les Bayaka est qu'il est absolument interdit de ramasser et de manger la nourriture des gorilles dans la forêt, sous peine de les mettre en colère. Je leur ai expliqué que je ne les ramassais pas pour les manger. Grâce à leur aide et à des observations directes faites sur le groupe de Makumba (puis plus tard sur deux autres groupes, celui de Mayele et Mata en RCA, et aussi un peu celui de Buka et Kingo en République du Congo), j'ai pu quantifier précisément ce que mangeaient les gorilles de l'Ouest, un exercice qui m'a réservé des surprises.

Durant la saison sèche, qui s'étend de décembre à février, ils sont plutôt herbivores, comme leurs cousins des montagnes. Leur nourriture se compose alors à environ 70 % de jeunes feuilles riches en protéines, qu'ils trouvent surtout sur les arbres, majoritairement ceux que l'on nomme manjombe, nguluma et mbaso. Ils mangent aussi les feuilles plus matures et tendres d'arbustes (comme l'inguka et l'indolu), et les tiges de plantes herbacées (dont le djele) qui constituent la végétation secondaire (les ebukas du premier chapitre, des portions de forêt ayant été jadis défrichées par les éléphants, un arbre mort et parfois par l'Homme et qui se régénèrent).

Lors de la saison humide, les gorilles troquent leur menu contre un autre. Les pluies commencent à tomber à partir du mois de mars et deviennent incessantes les mois suivants jusqu'en novembre. Arrosés par ce déluge, les arbres de la forêt de plaine produisent beaucoup de fruits. Pendant cette période, les gorilles de l'Ouest inversent alors complètement leur régime alimentaire : ils deviennent principalement frugivores ! Les fruits entrent pour environ 70 % dans leur nourriture durant le pic de production de mai à septembre. On considère aujourd'hui les gorilles de l'Ouest comme des frugivores saisonniers, c'est-à-dire que leur régime colle à l'abondance de fruits dans la forêt.

Quels fruits se retrouvent au menu des gorilles ? La forêt tropicale en produit une incroyable variété. La palette de ceux dont ils se nourrissent est large, certains étant aussi petits que des raisins secs (comme le monkenjenje) et d'autres gros comme des ballons de basket (le wusa ou le mobei). Ils ont parfois l'acidité du citron, tandis que d'autres, par exemple la caroube géante (ekombolo), sont sucrés. Il y en a pour tous les goûts ! Pendant les mois de fructification, les gorilles semblent particulièrement gourmands et profitent de cette grande richesse, à tel point que, presque chaque année, nous inscrivons un nouveau fruit à leur régime alimentaire.

« Et les bananes ? Est-ce qu'ils mangent des bananes ? » me demande-t-on souvent quand je raconte mes missions lors de conférences. C'est à chaque fois l'occasion pour moi de dissiper l'un des plus grands malentendus ancrés dans l'imaginaire populaire et véhiculés par une impressionnante filmographie. Non, les sous-bois de la forêt tropicale africaine ne sont pas jonchés des peaux des bananes englouties par les gorilles ou d'autres primates. Pour une simple et implacable raison : le fruit est originaire d'Asie du Sud-Est et n'existe pas dans la forêt africaine. Tout comme les papayes et les mangues, d'ailleurs, venues d'Asie. Cela heurtera peut-être votre intuition, mais les gorilles ne mangent aucun des fruits « domestiques » que nous connaissons. Un seul, appelé payo par les Bayaka et mangue de forêt par la population locale bantoue, évoque en apparence ceux que nous consommons, mais il est très fibreux, acide, et n'a pas grand-chose à voir avec la délicieuse mangue qui trône sur nos étals.

Ce constat gustatif décevant s'applique à tous les fruits qu'avalent les gorilles... Tentée par l'expérience culinaire et aussi mue par la curiosité scientifique, j'ai profité des échantillons que je récoltais à des fins d'analyse pour en goûter la majorité. Quelle déception ! La plupart sont acides et aigrelets (en fait, même ceux mangés à table par la population humaine locale ne sont pas sucrés, voire se révèlent parfois collants comme la glue, pas très ragoûtant !). Des millénaires de domestication ont rendu les fruits que nous consommons appétissants à nos palais délicats, riches en sucre et pauvres en fibres et en agents astringents.

Puissant microbiote

Expédiés à un laboratoire de Berlin, avec qui collaborait l'Institut Max-Planck d'anthropologie évolutionniste (où je faisais alors ma thèse), ces échantillons nous renseignaient plus tard, à la manière des informations imprimées sur les paquets de céréales, sur les apports nutritifs des fruits et leur composition en fibres, protéines, glucides, lipides et diverses molécules intéressantes (notamment minéraux et tannins – des molécules produites par les plantes pour repousser les herbivores).

Une conclusion que je retiens de ces analyses est que mes chers amis ont vraiment un système digestif à toute épreuve. Leurs intestins longs et larges sont colonisés par des micro-organismes symbiotiques (qui font partie du fameux microbiote dont on parle abondamment dans les colonnes des magazines) capables de digérer les fibres, et donc d'en extraire des calories, avec une efficacité autrement supérieure à celle de nos intestins, et même ceux de leurs cousins chimpanzés. C'est un grand avantage, car, lorsque l'occasion se présente, ils peuvent se contenter d'herbes et de feuilles, comme le font leurs cousins des montagnes.

Cependant, quand arrive l'abondance des fruits, plus caloriques, car riches en sucre et parfois en graisses, ils couvrent leurs besoins nutritionnels beaucoup plus rapidement (une alimentation plus variée est par ailleurs toujours bénéfique, car elle procure au corps toutes les vitamines et tous les oligo-éléments indispensables à l'organisme). Cette facilité d'accès aux calories a un impact direct sur leur mode vie : avec des repas moins longs, ils peuvent se consacrer à d'autres activités. Par exemple, se mettre en quête d'arbres à fruits juteux et bien mûrs loin dans la forêt, comme l'avait fait Makumba le jour où nous avions traversé la frontière congolaise par accident.

Comme le groupe de Makumba, les gorilles de l'Ouest se font parfois marathoniens en raison de leur alimentation très frugivore en été. Ils absorbent des shoots de sucre qui, en retour, leur confèrent assez d'énergie pour partir chercher d'autres fruits sucrés, dans une spirale vertueuse. Les gorilles de montagne se limitent à des déplacements quotidiens de deux cent cinquante mètres en moyenne, quand ceux de l'Ouest peuvent marcher deux kilomètres et demi par jour, avec des pointes à dix kilomètres.

Ces habitudes expliquent les différences de morphologie entre les gorilles des zoos et ceux que je croisais dorénavant au quotidien. Comme je l'ai déjà indiqué, les gorilles vivant en captivité sont pour la plupart obèses (mais avec le ventre plat) et peu musclés. Dans la nature, ils pratiquent une activité physique sans commune mesure qui sculpte leur musculature (la marche n'est pas la seule responsable, l'escalade dans les arbres compte beaucoup aussi). Ils consomment quantité de fibres, ce qui leur confère un très gros ventre à cause de la fermentation, qu'ils soient petits ou adultes. Leur ventre est même si proéminent qu'il est impossible de savoir si une femelle attend un bébé !

Pas de temps pour les poux

Il y a un autre point sur lequel les zoos ne reflètent pas la réalité. Devant l'enclos des gorilles, je suis certaine qu'en voyant un individu inspecter minutieusement le pelage d'un autre, dans l'espoir d'y dénicher des poux, vous vous êtes dit : « C'est normal, ce sont des singes, ils s'épouillent ! » En réalité, l'épouillage n'est pas le propre de tous les primates. C'est une seconde différence importante avec les gorilles vivant en captivité : les gorilles de l'Ouest ne s'épouillent pas dans la nature, mais seulement dans les zoos, où ils ont probablement plus de temps à consacrer à cette activité, puisqu'ils n'ont pas à parcourir des kilomètres pour chercher de la nourriture, et moins de compétition alimentaire.

C'est simple, au cours de mes années sur le terrain, je n'ai jamais observé d'épouillage entre adultes, comme on en voit chez les chimpanzés ou d'autres singes à queue. J'ai seulement été témoin d'usuels échanges de toilettage entre mère et petits, et rarissimes de filles subadultes à mère. C'est peut-être la raison pour laquelle les gorilles, en particulier les plus jeunes, mais aussi les adultes, sont généralement infestés de dizaines et dizaines de minuscules tiques autour des yeux, en particulier pendant la saison sèche (lorsque les tiques ne sont pas lessivées par la pluie, les mêmes minuscules tiques qu'il m'arrivait de découvrir avec horreur sur mon corps et qui produisent une sorte de choc électrique lorsqu'on les touche accidentellement ; je pouvais comptabiliser une centaine de ces vermines sur moi en une seule journée !).

Mais s'ils ne s'épouillent pas, à quoi les gorilles emploient-ils leur temps ? En suivant le groupe de Makumba et les autres ayant bénéficié d'une habituation, j'ai observé que les habitudes des gorilles de l'Ouest diffèrent légèrement de celles de leurs cousins des montagnes. Ils passent plus de temps à se nourrir et à marcher pour chercher des arbres portant des fruits mûrs, mais moins de temps à se reposer. Ce surcroît d'activité signifie cependant qu'il leur reste peu de loisir à consacrer aux activités sociales. Les gorilles de montagne, bien que n'étant pas de grands toiletteurs/épouilleurs, recourent tout de même à cette pratique, eux. Si ceux de l'Ouest échappent à ce rituel, c'est sans doute en raison de leur régime alimentaire davantage frugivore, les arbres fruitiers étant plus difficiles à trouver en forêt que les plantes herbacées, qui y abondent. Mais aussi, comme nous le verrons, la consommation de fruits instaure une compétition accrue pour l'accès aux ressources, ce qui change les rapports sociaux entre les individus, surtout entre les femelles.

Seulement les miettes

Un autre fait étonnant est que cette répartition des activités dépend du sexe et de l'âge des individus. En général, le dos argenté passe moins de temps à se nourrir, mais davantage à se reposer que les femelles et les jeunes. Curieux : la stature imposante du dos argenté suggérerait plutôt l'inverse. Pour soigner sa belle carrure d'ours et son impressionnante musculature, on l'imaginerait plutôt se gavant à longueur de journée. Sa manie de prolonger les repos résulte en réalité d'une combinaison de facteurs physiologiques et sociaux.

Tout d'abord, lorsque j'ai réalisé cette étude, toutes les femelles adultes de Makumba étaient en train d'allaiter des jeunes, leurs besoins physiologiques étaient donc particulièrement élevés, ce qui expliquait une certaine gloutonnerie. Un appétit que partagent les jeunes en pleine croissance. Mais le statut social joue également un rôle dans ces écarts entre les sexes et les générations : en tant que chef incontesté, le dos argenté a la priorité sur la nourriture, qu'il monopolise souvent. Ce qui lui permet de s'octroyer la part du lion et surtout la nourriture de meilleure qualité. Or manger mieux, c'est manger moins. En grossissant le trait, au royaume du dos gris, les femelles et les jeunes n'ont le droit qu'aux miettes des repas du roi…

C'était du moins la vision qui m'habitait lors de mes premiers mois passés dans la jungle. Mais, alors que je m'immergeais davantage dans le quotidien des gorilles, les apparences se sont fissurées. Les femelles me réservaient une surprise qui allait m'estomaquer : j'allais être témoin de véritables actes de résistance de leur part, de coups de canif donnés à ce régime autoritaire. Comme dans le film *La Planète des singes*, la forêt devint le théâtre d'un esprit de rébellion… Car certaines femelles avaient bel et bien l'intention de s'inviter à la table du roi.

4

La guerre des fruits (et des sexes)

La ruse a l'air de fonctionner. La femelle s'approche discrètement de Makumba tout en restant en position allongée. Elle feint de se reposer, mais avance centimètre après centimètre vers le butin qu'elle convoite. De temps en temps, elle interrompt sa reptation pour tendre discrètement le bras vers les morceaux de fruits tombés au sol. Le dos argenté est en train de s'empiffrer placidement de ce qui ressemble à une énorme pastèque verte sans stries.

Tandis que la voleuse poursuit sa progression d'escargot, je m'inquiète pour elle : si elle se fait prendre la main dans le sac, elle s'expose à une sévère remontrance, à une claque, voire à une morsure. N'ayant plus besoin de nous cacher, nous observons la tentative de larcin en nous tenant au milieu des arbres. Le groupe de Makumba est parfaitement habitué et nous tolère, comme si nous étions des Casques bleus neutres, projetés au milieu de n'importe quel conflit militaire humain. Je m'imagine les ressources de courage dans lequel la femelle puise pour risquer de s'attirer le courroux du colosse.

Sa bravoure m'impressionne tant que j'en oublie la fatigue qui m'accablait il y a encore quelques instants. À quatre heures du matin, j'avais été réveillée par un insecte qui se promenait sur mon cou. Après l'avoir attrapé et pressé avec mes mains pour le tuer, j'ai essayé de me rendormir. Peine perdue… trente minutes plus tard, Chloé avait sonné le tocsin, car une bête d'un autre gabarit ne voulait pas quitter les alentours de sa case : un éléphant. En la franchissant, il avait fait sonner la barrière anti-intrusion qui ceinture le campement – entendez des boîtes de sardines attachées à du fil de fer barbelé. Tout le monde s'était levé pour le chasser, moi incluse, lui lançant des pierres et des branches en lui hurlant dessus. Ici, en Afrique, mon seuil d'alerte vis-à-vis de la peur a beaucoup baissé. Je me moque à présent comme d'une guigne des cafards et des grosses araignées poilues qui circulent parfois sur le sol autour de ma tente. Oubliant ma courte nuit, je suis donc pleinement concentrée sur le crime de lèse-majesté qui se déroule devant moi.

La rebelle s'appelle Malui. C'est la femelle adulte gorille la plus intelligente de toutes celles que je serai amenée à fréquenter au cours de ma carrière. Et la seule à oser défier le mâle de la sorte. Chez les gorilles,

les règles sociales sont strictes et marquées par une forte hiérarchie sociale entre les sexes. Le chef du groupe a la main sur la nourriture, et il existe une forte séparation mâle-femelle. En lorgnant le repas de Makumba, Malui bouscule l'ordre établi.

En effet, la rigidité de la société gorille se manifeste de façon éclatante dans le champ de l'alimentation. Chez ces primates, la guerre des sexes se traduit souvent par une guerre des fruits. Notamment lorsque le groupe découvre un wusa (*Treculia africana*, plus connu par chez nous sous le nom d'arbre à pain africain), qui produit un ou deux fruits à la fois, plus gros qu'un ballon de basket et qui peuvent peser jusqu'à huit kilos et demi. Ils poussent sur des arbres de vingt à vingt-cinq mètres, et pour respecter les lois de la physique, un arbre ne peut pas porter beaucoup de ces fruits. Ils sont si lourds qu'ils vous fracasseraient le crâne si jamais vous aviez la mauvaise idée de piquer une sieste à l'ombre d'un wusa et que l'un d'entre eux tombait. Les pisteurs m'ont raconté que des femmes bayaka sont mortes au cours de leurs activités quotidiennes dans la forêt, succombant à ce péril. Lorsque nous faisons une longue halte – pour observer les gorilles se reposer, par exemple –, les Bayaka lèvent toujours la tête pour vérifier que nous ne nous trouvons pas sous un des trois arbres qui produisent de telles boules de démolition (le wusa, le mobei – *Annonidium mannii* – et le ngata – *Myriantus arboreus*).

Compétition alimentaire

L'intérieur du fruit de wusa est peu juteux et renferme de nombreux petits filaments qui s'oxydent rapidement à l'air. Aussi cette nourriture rare est-elle rapidement monopolisée. C'est un festin réservé à une poignée de privilégiés. Quand les gorilles aperçoivent un wusa en fructification, ils se précipitent pour glaner le seul fruit (ou l'un des deux) mûr disponible au sol. Le dos argenté jouit d'un accès prioritaire. Son énorme pique-nique entre les mains, il s'assoit ensuite confortablement pour avaler son gargantuesque repas. Nous aussi prenons nos aises, car nous savons qu'il lui faudra entre une et deux heures pour tout avaler et pour se remettre de la fatigue digestive !

En moyenne, un groupe de gorilles de l'Ouest est composé d'une dizaine d'individus. Contrairement aux gorilles de montagne, qui peuvent présenter plusieurs mâles adultes à dos argenté dans un même groupe, chez l'espèce de l'Ouest, il y a typiquement un seul mâle adulte. En dehors de celui-ci, un groupe abrite une ou plusieurs femelles adultes avec leurs enfants. Qui est le père de ces enfants ? On a longtemps supposé qu'il s'agissait du dos argenté, mais les données génétiques que j'ai récoltées à partir des fèces des gorilles ont montré que les bambins du groupe ne sont pas tous les fils et les filles du dos argenté. Comment est-ce possible ? Une question supplémentaire à creuser !

Face aux promesses gastronomiques qu'incarne le wusa, tout ce petit monde aimerait plonger dans la félicité gustative. À quoi s'adonnent les autres membres pendant que le mâle fait bombance ? Certains, sans espoir de participer au banquet, filent se reposer. Il y a un second fruit, délaissé par l'heureux élu, car plus petit et pas tout à fait mûr, et souvent encore attaché à l'arbre ? La femelle la plus alerte et la plus dominante s'empresse de l'attraper. Généralement, l'appétit du mâle et de la femelle suffit à venir à bout du fruit géant. Éventuellement, il reste aux autres membres les reliefs du repas, le cœur encore plus dur.

Pour se nourrir, les autres doivent donc trouver des alternatives moins nutritives à proximité, de façon à demeurer en contact avec le groupe. Alors que les herbes pullulent dans les sous-bois, les fruits sont « monopolisables », c'est-à-dire qu'un seul individu peut les accaparer et en priver les autres. Cette inégalité stimule ce qu'on appelle la compétition alimentaire, un principe qui est à la base des hiérarchies et des relations de dominance dans le groupe.

Vidéo éclairante

À l'université et au Muséum national d'histoire naturelle de Paris, je donne des cours sur l'alimentation des primates. Pour illustrer la compétition alimentaire et la notion de dominance au sein des groupes de gorilles, je montre à mes étudiants une vidéo où l'on voit la fille de Malui, alors adolescente, arrivant la première, toute joyeuse, à un boto aux fruits durs jaune brunâtre, de la taille d'une grosse orange. Mio (« nez » en langue locale, car, elle avait des plis particulièrement complexes et reconnaissables sur les narines) commence à ramasser les fruits un par un sur le sol. Soudain, entendant du bruit, elle se retourne, terrifiée, et aperçoit sa mère arrivant d'un pas vif. Mio sait pertinemment alors qu'elle n'a aucune chance : Malui ne lui laissera rien et lui volera même les délices qu'elle tient entre ses mains.

Mais qui ne tente rien n'a rien, non ? Sur le film, Mio accélère la cadence, charge ses mains et ses pieds du maximum de fruits, puis s'éloigne en courant. Heureusement pour elle, il en reste encore beaucoup au sol. Résultat, Malui s'arrête au pied de l'arbre pour en glaner, sans pourchasser sa fille. Malui peut se révéler terrible et sans pitié sur le plan de la nourriture. Je l'ai souvent vue arracher de la bouche de son bébé d'un an une tige de djele, l'herbe de base de l'alimentation des gorilles de l'Ouest.

Si les mères gorilles sont habituellement plus tolérantes que Malui, en revanche, elles font montre du même « égoïsme » à l'égard de leur progéniture. Quel contraste avec les chimpanzés de Kanyawara, dans le parc national de Kibale, en Ouganda, à qui j'ai eu l'occasion de rendre visite ! Là-bas, les mères tendaient la nourriture à leur bébé, au lieu de la leur voler. Impressionnant.

Le fossé qui sépare la structure sociale des chimpanzés de celle des gorilles explique selon moi ces différences. Les communautés des premiers, bien plus nombreuses, peuvent atteindre une centaine d'individus. Elles fonctionnent sur un mode « fusion / fission », ce qui revient à dire que la totalité des individus n'est presque jamais réunie au complet. Certains marchent et dorment ensemble pendant quelques jours, se séparent, puis se retrouvent ou se mêlent avec d'autres membres de la communauté. Cette socialité à géométrie variable, où des sous-groupes se forment et se dissolvent constamment, signifie probablement que la compétition alimentaire entre membres d'un même groupe cohésif est moindre qu'au sein d'un groupe de gorilles de l'Ouest.

En effet, ces derniers impressionnent par leur cohésion. Les individus sont soudés comme les doigts d'une main : ils marchent ensemble toute la journée et dorment ensemble. Le décompte des nids nocturnes renseigne ainsi sur la taille du groupe, chaque membre confectionnant sa propre couche (sauf les bébés, qui dorment avec leur mère jusqu'à l'âge d'environ quatre ans). Le fait d'être inséparables et de se nourrir d'aliments « privatisables » augmente considérablement la compétition alimentaire et hiérarchise leur société. Du moins celle des gorilles de l'Ouest. Les gorilles de montagne étudiés par Dian Fossey, essentiellement herbivores, n'ont que l'embarras du choix pour se nourrir des plantes herbacées, abondantes toute l'année. Par conséquent, la compétition alimentaire chez eux est moindre, au point que le groupe compte parfois plus d'une trentaine d'individus.

Cette richesse dans la dynamique sociale, qui prend sa source dans l'alimentation, rend à mes yeux les gorilles de l'Ouest beaucoup plus intéressants que ceux des montagnes ! Il arrive que des femelles s'éloignent de quelques centaines de mètres pour manger. Cela a fait croire à certains primatologues que les premiers se comportaient comme des chimpanzés. Je trouve cette comparaison exagérée. Certes, les gorilles de l'Ouest ne demeurent pas toute la journée collés les uns aux autres, comme chez ceux des montagnes, mais ils restent des gorilles avant tout, avec un esprit de cohésion marqué. Le groupe se tient toujours en contact vocal et ne tarde jamais à se reconstituer.

Maintenir la cohésion du groupe est capital pour les gorilles. En comparant le grand groupe de Mayele avec le petit de Makumba, nous avons montré que les groupes importants ont davantage de difficultés à maintenir cette cohésion. En saison de fructification, tandis que les individus dominants monopolisent la nourriture sucrée, le reste du groupe n'a pas d'autre choix que de chercher des alternatives. Cette nécessité les conduit de temps en temps à s'éloigner et parfois à s'égarer. En cette période, on entend souvent les femelles ou les jeunes faire plusieurs hootings à la recherche du reste du groupe qu'ils ont perdu. Surtout chez le groupe de Mayele.

En fait, nous avons pu démontrer que, pour cette raison, les grands groupes sont moins frugivores que les petits durant la saison d'abondance de fruit. Pour éviter une trop grande dispersion, les groupes les plus importants continuent à se nourrir davantage d'herbes et de feuilles, par rapport à ceux de plus petite taille. Un peu comme leurs cousins des montagnes. La concurrence alimentaire intragroupe est donc réduite, et tous peuvent coexister en partageant les bienfaits de la forêt, sans se trop chamailler.

Malui volait la récolte de fruits de son enfant, mais il n'y a pas que les mères qui se comportent de cette façon vis-à-vis de leurs petits chez les gorilles de l'Ouest. Une autre vidéo que je présente souvent à ce propos à mes étudiants est celle du petit Meteyeba, même pas encore quatre ans, qui mange placidement des termites dans la végétation dense où l'ebuka se mélange avec les arbres de la forêt mixte primaire. Cela paraît étrange, mais il s'agit aussi d'une nourriture privatisable : les gorilles cassent les termitières en petits morceaux, de la taille de leur main, d'où ils extraient les larves. Tout à coup, Mayele, certainement le plus grand et le plus bestial des dos argentés des quatre groupes habitués de Dzanga-Sangha, se positionne entre nous et Meteyeba, en adoptant une attitude menaçante. Il charge en courant sur notre côté et en poussant de petits aboiements pour manifester son mécontentement. À qui destinait-il son message ? À nous qui étions au milieu ou à Meteyeba qui lui volait ses termites ? Un instant plus tard, j'avais la réponse : Meteyeba prenait ses jambes à son cou, pourchassé par son père. Plus malin et plus agile, il lui a échappé de peu en faisant fi des lianes épineuses de djele et en disparaissant dans l'épaisseur de la végétation.

Funambules

En plus d'instaurer une hiérarchie, la nourriture a une autre conséquence sur le comportement des gorilles : elle a fait d'eux une espèce plus arboricole. Les gorilles sont les plus grands primates du monde. Au début de la primatologie, on a déduit de ce record de taille que les gorilles étaient les plus terrestres des primates, des créatures bien trop lourdes pour grimper aux arbres. Rien n'est plus faux pour ceux que j'étudie depuis plusieurs décennies.

Cette vision erronée découlait en fait de l'observation des gorilles de montagne. L'espèce vit dans des forêts clairsemées de haute altitude, et de faible hauteur, et qui sont dominées par une végétation herbacée à la fois touffue et basse. Il faut imaginer une jungle dense et guère élevée, avec peu d'arbres, donc peu de fruits, ce qui explique en définitive pourquoi les gorilles de montagne n'en consomment pas beaucoup. En raison de cette différence écologique, ce sont des créatures essentiellement terrestres (même si, à l'occasion, ils savent manifester des talents de grimpeur). À l'inverse, il n'est pas rare d'apercevoir le grand dos argenté de l'Ouest avec les autres membres du groupe perché à vingt, trente, voire soixante mètres de haut, jouant au funambule dans les immenses feuillus des forêts de plaine. Il s'y gave de jeunes feuilles, riches en protéines, certainement très utiles pour le développement de sa taille et de sa musculature !

Il est toutefois vrai que, à la saison de fructification, le dos argenté a tendance à rester au ras du sol pour manger les fruits qui tapissent le pied des arbres. Seuls ceux de taille réduite (dont les gorilles raffolent), aux dimensions de petites cerises, justifient l'effort de grimper. Il est probablement plus efficace d'en croquer un paquet sur la branche plutôt que de les ramasser un à un à terre, alors qu'ils sont sans doute déjà trop mûrs et alcoolisés.

Toutefois, les gorilles semblent aimer les fruits fermentés. Récemment, grâce à une collaboration de collègues américains, nous avons pu mesurer la teneur en alcool des fruits consommés. Comme je m'y attendais à leurs odeurs, nombre d'entre eux présentent une teneur en éthanol plus ou moins élevée. Cette étude, qui concerne également d'autres primates du monde entier, vise à démontrer qu'au cours de l'évolution humaine, nos ancêtres, qui vivaient certainement dans des conditions environnementales similaires à celles des grands singes d'aujourd'hui, ont été exposés à des niveaux élevés d'éthanol, jetant ainsi les racines de l'alcoolisme de *Sapiens*. Elle avait été lancée après la découverte par mes collègues américains de parties du génome dites de susceptibilité, prédisposant à cette addiction et présentes uniquement chez les grands singes et les humains.

Les femelles gorilles, au contraire, qui font la moitié de la taille du dos argenté, escaladent plus souvent les arbres – surtout les moins dominantes – avec les plus jeunes, à la recherche de fruits mûrs, et ce même à proximité de la canopée. Certes, le danger y rôde, car les branches sont plus fines et fragiles, mais le soleil gorge les végétaux de sucre. Le fait que les jeunes fréquentent davantage les cimes que le dos argenté a poussé une équipe de chercheurs japonais, qui ont observé un groupe habitué de gorilles de l'Ouest, à Mokaladoudou, au Gabon, à donner une explication que je trouve un peu romancée. D'après leurs observations, les jeunes gorilles grimpent aux arbres pour jeter par terre les fruits les plus mûrs, à l'intention de leurs mères et pères qui butinent au sol.

J'en ai également été témoin à plusieurs reprises, mais je ne pense pas qu'il s'agisse d'un comportement consciemment altruiste. En science, l'hypothèse la plus simple est souvent la bonne. Mon avis ? Les petits grimpent aux arbres car les adultes monopolisent la nourriture tombée au sol. En arrachant les fruits des branches, ils provoquent la chute accidentelle des plus mûrs. La même chose se produit lorsque les gorillons chahutent dans les arbres. Si l'intuition des primatologues japonais était juste, je m'attendrais à ce que nous observions les petits secouer délibérément les branches. Or cela ne se produit jamais.

Impasse en altitude

En dépit de leur allure pataude et de leur taille, les gorilles brilleraient sur un mur d'escalade. Cependant, il n'est pas rare de voir un individu, adulte ou jeune, après une longue et gracieuse désescalade dans la ramure, commettre une erreur de débutant à seulement cinq mètres du sol, en s'accrochant à une branche frêle qui casse brusquement. Heureusement, les gorilles ont de la ressource, ils se tirent généralement de ce mauvais pas d'une pirouette digne d'un gymnaste, qui leur permet de se suspendre à la liane la plus proche, un peu à la manière de Tarzan.

Leur remarquable agilité ne les préserve pas pour autant des accidents. Je n'oublierai jamais le jour où Mopatapata (« tête plate » en langue locale), une autre femelle de Makumba, avait utilisé la technique du « pont » et a manqué de peu de subir une chute mortelle. Les grands singes recourent à cette astuce face à un arbre sur lequel ils ne peuvent pas grimper, parce que sa base est trop grosse ou parce qu'elle est couverte d'épines, voire possède des contreforts énormes, par exemple. Ils montent alors sur un arbre adjacent pour atteindre une branche située au-dessus de l'obstacle, qu'ils font ployer en se couchant dessus afin de s'en servir comme une passerelle jetée au-dessus du vide.

Tous utilisent ce moyen, jeunes et plus vieux, mâles et femelles. Mais ce jour-là, alors que Ngombo et moi observions la femelle, il s'est passé quelque chose que Mopatapata n'avait pas prévu. Son petit Mapopi sur le dos, elle convoitait les jeunes feuilles d'un mbaso, un grand arbre qui produit des feuilles riches en protéines et tous les cinq ans des fruits non juteux, à coque semi-dure, qui figurent parmi les végétaux les plus sucrés que consomment les gorilles, selon moi. Comme le tronc était trop gros pour être saisi, elle a fait un détour par un autre arbre, d'où elle a pu grimper sur le mbaso en se servant de lui comme pont. Le hic, c'est que l'élasticité du bois a fait ensuite revenir l'arbre à sa position initiale, isolant Mopatapata sur son perchoir. Inconsciente de la situation, elle mangeait placidement en solitaire dans les feuillages, loin des autres et de toute compétition alimentaire. Au bout d'une heure environ, lorsque ceux-ci descendirent de leur arbre, leur repas fini, et se livrèrent à un repos digestif, il fut temps pour elle aussi de descendre.

C'est en récupérant son bébé qui jouait joyeusement près d'elle dans les branches qu'elle a soudain saisi la gravité de la situation : sa voie de retour avait disparu. Une gorille femelle de soixante kilos n'a pas la même agilité qu'un singe à queue qui caracole dans le feuillage en défiant la gravité. À cause de leur taille, les gorilles sont incapables de ces cabrioles, ou alors elles sont dangereuses pour eux. Mopatapata a scruté le tronc d'en face pendant une dizaine de minutes, se demandant comment sortir de ce piège. Elle est descendue de plusieurs mètres, cherchant en vain un autre endroit pour sauter ou le moyen de descendre directement le long de son perchoir. Elle était très stressée et commençait à beaucoup transpirer. Ngombo et moi regardions, inquiets, la scène avec des jumelles. Il faut préciser que Mopatapata était juchée à trente-cinq à quarante mètres du sol.

Au bout d'une demi-heure, Makumba a appelé au regroupement en poussant des « hum » sonores. Mopatapata a alors compris que sa seule chance était d'essayer de sauter vers le tronc voisin. Elle s'y est essayée tout en restant assise, faisant des microsauts sur place, hésitante comme si elle tentait de rassembler son courage tout en jaugeant les risques. Elle tressaillait de peur face au danger. Transpirant à notre tour, Ngombo et moi nous répétions : « Non, c'est trop loin, Mopatapata, tu n'y arriveras pas. Ne fais pas ça ! »

Elle savait qu'elle risquait sa vie et celle de son bébé, qui s'agrippait à son torse. Ses tentatives s'accompagnaient d'aboiements. Normalement, ces vocalises témoignent d'une poussée d'agressivité ; elles devenaient ici le signe de frustration et de colère. Je ne les avais jamais entendues dans un tel contexte. À moins qu'ils se destinassent à Makumba, posté au pied de l'arbre. Inconscient du problème, ce dernier égrenait ses « hum » d'incitation à décamper. La sueur abondante de Mopatapata se transformait en mousse blanche. Chez moi, en Italie, je pratiquais jadis l'équitation et j'avais souvent observé ce phénomène chez les chevaux, mais c'était la première fois que j'en étais témoin sur un gorille (et la dernière, je n'ai plus jamais observé cette réaction, même dans les situations les plus stressantes).

Une heure s'est écoulée. Nous n'en pouvions plus du suspense… quand soudain Mopatapata, épuisée, s'est décidée à tenter le coup. C'était une question de survie, et avec le temps, j'apprendrai que les femelles gorilles sont capables de prouesses extraordinaires sous cette motivation. Elle a pris son élan et, se transformant en singe à queue acrobate, s'est élancée dans ce saut mortel… Et elle a réussi ! Mopopi s'était accrochée fermement à ses flancs. Ngombo et moi étions incrédules, un sourire de bonheur accroché à nos lèvres. Comment avait-elle fait ? Elle non plus ne donnait pas cher de sa peau, je pense. Elle est restée immobile quelques secondes, accrochée à l'arbre-pont miraculeux, le temps de reprendre ses esprits. Puis elle est redescendue rejoindre le groupe en un éclair.

Caractère bien trempé

Lorsque le dos argenté arrive à un arbre fruitier, malheur à celui qui résiste ou s'approche des fruits qu'il a repérés ! J'ai vu Makumba mordre sa fille adolescente, Etefi, à un poignet, pour la punir parce qu'elle cueillait des fruits trop près de ceux qu'il convoitait. Il en allait de même pour nous, pourtant simples observateurs. Lorsque nous nous approchions par mégarde de son festin, il se mettait à émettre une série d'aboiements à la fois menaçants et doux (parce qu'il était habitué à nous), comme pour dire : « Allez-vous-en, ces fruits sont à moi ! » Pour ne pas subir le même sort qu'Etefi, nous nous empressions alors de reculer.

On a toujours pensé que le mâle dos argenté, par sa taille et sa dominance, est le leader incontesté du groupe, et que ses femelles sont obéissantes et intimidées par sa suprématie. Sur ce point, les gorilles me surprennent de plus en plus au fil des années. Car il arrive que des femelles adultes, les plus dominantes, refusent de se plier à la règle du colosse ! Elles ont peu de chance de faire entendre leur voix, mais protestent – et pas qu'un peu. La reine de ce comportement est encore et toujours Malui. Son nom signifie « oreilles » en langue locale. Je l'ai baptisée ainsi avec le pisteur Ngbanda pendant l'habituation du groupe de Makumba, car je pouvais la distinguer de l'autre femelle, Mopatapata, simplement grâce à ses oreilles qui battaient l'air.

À l'époque encore très jeune, Malui n'était pas la femelle dominante, mais elle bousculait déjà l'ordre établi et se faisait remarquer pour son caractère fort. Elle a toujours remis tout le monde à sa place, que ce soit nous ou les autres membres du groupe, par de petits ou des grands aboiements agressifs.

Plus tard, gagnant en dominance (avec l'âge et l'ancienneté dans le groupe), elle n'hésitait pas à exprimer le fond de sa pensée, même auprès de Makumba. Lorsque celui-ci fonçait vers elle pour lui voler les fruits ou les termites qu'elle mangeait, dès qu'elle comprenait ses intentions, elle manifestait bruyamment son agacement et campait d'un air décidé devant sa nourriture. Elle ne renonçait à son butin qu'au dernier moment, lorsqu'elle n'avait plus d'autre choix que d'abandonner le combat devant la montagne de muscles. Elle s'écartait alors tout en continuant de protester.

Je n'ai vu aucune autre femelle adulte tenir à ce point tête à Makumba. Nulle autre n'osait défier son autorité de façon si éhontée. Son caractère est en partie la raison qui m'a poussée à m'attacher autant à elle au fil des années. Malui est certainement le gorille que j'ai le plus apprécié, les deux sexes confondus. Au risque d'être accusée d'anthropomorphisme, chaque fois que j'admire ses grands yeux en amande, j'y vois briller un esprit incandescent. En outre, Malui a un bon fond et fait preuve d'une grande curiosité.

Lorsque je collectais l'urine des gorilles au sol avec une pipette en plastique à usage unique, immédiatement après son émission, elle était toujours très attentive et s'arrêtait pour observer quand je déposais les gouttes de liquide sur des bandelettes d'analyse (les mêmes que nous, humains, utilisons). Nous espérions ainsi savoir si les gorilles souffraient d'infections urinaires, s'ils avaient du sang dans les urines, ou s'ils manifestaient des carences nutritionnelles (à travers la présence de cétones) liées à la saison.

Je faisais la même chose avec des tests de grossesse, qui fonctionnent tout aussi bien pour nos cousins les plus proches, les grands singes. Les résultats des bandelettes urinaires ont d'ailleurs montré que les plus jeunes, les nourrissons, présentaient davantage d'infections urinaires et parasitaires (cela d'après l'analyse des selles) que les adultes – un phénomène connu aussi chez notre espèce, où les enfants sont en général plus affectés.

Un jour, Malui m'a regardée si attentivement que j'ai rompu le pacte que j'avais passé avec moi-même, à savoir d'être une bonne primatologue et de ne pas interagir avec les gorilles. Parlant en italien, je lui ai expliqué ce que je faisais avec l'urine et les bandelettes. Elle m'observait de son regard extrêmement intelligent, suivant tout ce que je lui disais. Préservant une distance de sécurité, on se tenait à sept mètres d'elle dans la végétation ouverte, son petit Tembo assis près d'elle qui jouait avec des plantes. C'est d'ailleurs la mère gorille la plus prolifique que nous ayons connue. Depuis 2002, l'année où nous avons commencé à suivre régulièrement le groupe de Makumba, elle a donné naissance à sept petits, dont des jumeaux. Un cas très rare dans le monde des gorilles et inédit parmi les gorilles de l'Ouest.

Un jour, j'ai eu le privilège de m'apercevoir que l'affection que je lui portais était d'une certaine façon réciproque. Peut-être le fait de lui avoir parlé avait-il créé un lien spécial entre nous. Je n'oublierai jamais sa réaction lorsque je suis retournée en RCA après deux longues années d'absence passées à Leipzig, en Allemagne, pour finaliser ma thèse de doctorat. J'étais tellement impatiente et excitée de revoir les gorilles que, dès mon arrivée au campement, j'ai profité du changement d'équipe à midi pour me rendre immédiatement auprès du groupe de Makumba. À mon arrivée, Malui cherchait de la nourriture entre les buissons, tandis que Makumba faisait sa sieste du milieu de journée dans la végétation dense, digérant probablement son repas du matin.

Malui est arrivée en marchant, émergeant du feuillage à environ dix mètres. En nous voyant, elle a eu sa réaction classique. Elle s'est tournée un instant dans notre direction, sans trop nous prêter attention, comme si elle pensait : « Ah, voici encore les humains, comme d'habitude. »

Soudain, son expression a changé, elle s'est rendu compte que quelque chose était différent cette fois. Son regard est tombé sur moi. Elle était tellement émerveillée de me voir qu'elle s'est arrêtée en pleine foulée, le bras et le poing pointés vers le sol et le talon levé, comme un personnage statufié sur place dans un dessin animé ! Elle m'a regardée intensément dans cette même position pendant plusieurs minutes. Elle me reconnaissait, c'était évident (les pisteurs bayaka me l'ont dit tout de suite, avant même que l'idée ne se fraye un chemin dans mon esprit).

Cela semble idiot, mais ce fut une merveilleuse surprise. Beaucoup plus tard, j'ai lu que ce comportement rappelait la réaction décrite par Dian Fossey quand les gorilles de montagne l'avaient reconnue après une longue absence de sa part en forêt ! Quelle joie pour moi, d'autant plus que Malui n'avait jamais apprécié notre présence lors des huit ans qu'avait duré l'habituation du groupe…

Masque obligatoire

La jeune fille d'une autre femelle de Makumba, la petite Bokata, m'avait aussi identifiée. Elle a été plus démonstrative, se rapprochant et essayant de me toucher à plusieurs reprises. Mais je ne pouvais pas la laisser faire, et j'ai dû reculer à chaque fois. Pour des raisons d'ordre sanitaire, nous ne pouvons pas nous approcher aussi près des gorilles, et encore moins être à leur contact comme le faisait Dian Fossey. Nous savons aujourd'hui qu'ils nous ressemblent tellement, d'un point de vue génétique, qu'ils sont susceptibles de contracter nos maladies, mais sans posséder les défenses immunitaires nécessaires pour les contrer. Lorsque les Européens ont débarqué dans les Amériques, apportant des maladies comme la grippe, l'hécatombe parmi la population amérindienne a été terrible. Le mal que nous pouvons causer à la population gorille, si nous cédons au désir d'entrer en contact direct avec eux, est tout fait comparable.

Ainsi, les bactéries présentes sur nos mains (inoffensives pour nous) voire un simple rhume peuvent tuer les gorilles. Il est donc de notre devoir moral de garder une distance adéquate (au moins cinq à sept mètres) pour limiter la transmission des maladies par voie aérienne. Depuis une dizaine d'années, nous prenons des précautions supplémentaires en portant des masques (bien avant le Covid-19 !) lorsque nous sommes en forêt avec les gorilles et, avant de partir en brousse, nous immergeons au campement nos chaussures dans de l'eau de javel. C'est une différence saisissante avec Dian Fossey, qui prenait dans ses bras les gorilles et les nourrissait pour gagner leur confiance.

Aujourd'hui, quand je repense à ces jours où Malui a feint le repos pour mieux dérober la nourriture de Makumba, je ne peux pas m'empêcher d'éprouver des pensées tendres envers elle. Une part de moi aurait envie de la serrer dans mes bras, même si je sais que c'est formellement interdit. Je n'ai jamais vu d'autres femelles se rebeller de façon si explicite face à leur dos argenté. Depuis que je la connais, Malui s'oppose et s'est toujours opposée à cette société machiste des gorilles ! Mais, au cours de mes années d'observation des gorilles de l'Ouest, j'ai vu bien d'autres comportements subversifs de la part de femelles cherchant à tirer leur épingle du jeu dans ce monde dominé par les mâles. Certains, par leur sournoiserie, m'ont laissé sans voix. Jamais je n'aurais cru être témoin d'une telle effronterie…

5

Othello dans la jungle

La saison des pluies m'a toujours apporté un peu de tristesse et de mélancolie. Pour cette raison, elle me rendait nostalgique de l'Italie. Il faut dire qu'elle est ponctuée d'orages dantesques. Ils s'annoncent avec un vent mortel qui fait vaciller tous les arbres, et un grondement incroyable qui se rapproche de façon menaçante. La pluie représente l'aspect négatif de la forêt, alors que c'est pour moi un paradis terrestre le reste du temps. Il est difficile de s'habituer à ses conséquences : des vêtements qui ne sèchent jamais, la serviette qui se tache de moisissure, des cheveux humides du soir au matin et des journées entières au campement sans voir les gorilles.

Ces jours-là, je n'avais pas d'autre choix que de rester au campement pour étudier des données, lire des publications scientifiques ou écrire des lettres ou des e-mails à ma famille. Lorsque les Bayaka avaient une demande particulière, ils profitaient de ces temps morts ou bien de mon jour de repos. Je n'oublierai jamais quand, le lendemain de la soirée où nous avions projeté le dessin animé *Le Roi Lion* de Disney sur un ordinateur portable pour tout le monde au campement, j'ai entendu le pas lourd d'un pisteur qui, fatigué par le travail du matin avec les gorilles, gravissait les quatre marches jusqu'au bureau. C'était Zou, un Bayaka au rire contagieux, un gars assez grand avec une boucle d'oreille en bois. Il brûlait de me poser une question importante.

« Shelly, c'est vrai que, dans les pays des Blancs, les animaux parlent ? » m'a-t-il lancé avec sa voix rendue rauque par les nombreuses cigarettes qu'il fumait. J'ai accueilli sa touchante naïveté en accompagnant ma réponse d'un grand sourire. Aujourd'hui, vingt-cinq ans plus tard, les Bayaka savent très bien que ce qu'ils voient dans les films ou les dessins animés est de la fiction, et ils aiment particulièrement les films d'action, comme *Kill Bill*, par exemple. À l'époque, c'étaient les premiers longs métrages que nous leur montrions, mais au fil du temps nous avons mis en place le rituel du « film du samedi soir ». Ces soirs-là, nous cuisinions des spaghettis à la sauce tomate (le campement cultive une tradition italienne instaurée par Chloé) pour tout le monde, puis nous nous installions, quitte à nous retrouver à vingt personnes pressées autour d'un petit ordinateur portable fonctionnant avec l'électricité restante de la journée. Mais les règles de la dramaturgie ne s'appliquaient pas seulement au campement. Elles prospéraient aussi dans la forêt.

Un groupe structuré

Mensonge, subversion, personnalités hautes en couleur : bienvenue dans la comédie humaine à la mode gorille, où s'expriment une malice et une duplicité qu'on croirait tout droit sorties d'une pièce de Shakespeare. Prenez Othello, ce général de Venise manipulé par son lieutenant jaloux, remplacez-le par un dos argenté, et vous aurez un aperçu des intrigues qui se trament dans la jungle. Je pousse le trait évidemment, mais, quand j'ai eu la chance de pouvoir observer d'autres groupes que ceux de Munye et Makumba, j'ai été stupéfaite : non seulement il existe de fortes personnalités, comme Malui, qui défient l'autorité, mais cette attitude contestataire est largement plus répandue que mes premières constatations le laissaient penser.

Avant de vous donner des exemples de ces comportements dissidents, il est nécessaire que je décrive en détail la dynamique de la structure de la société des gorilles de l'Ouest. Je n'ai fait que l'esquisser précédemment. Je veux vous montrer comment certains individus, et en majorité les femelles, usent de toute leur énergie et de leur intelligence pour bousculer cet ordre établi, pour exister sur la scène. Alors, comment est hiérarchisé un groupe de gorilles de l'Ouest ?

Quand j'ai commencé mes observations sur eux, le cas bien documenté des gorilles de montagne servait de parangon : le dos argenté trône au-dessus du groupe, qui lui voue obéissance et respect. Ensuite viennent les femelles, plus au moins toutes au même niveau. Le manque de compétition alimentaire chez la sous-espèce des montagnes au Rwanda, qui est plutôt herbivore, n'instaure pas de hiérarchisation forte entre les femelles adultes. Enfin, comme chez d'autres espèces de mammifères, les plus jeunes sont relégués au dernier rang.

Cette structure a longtemps été le mantra des primatologues pour les gorilles (toutes espèces confondues). Mais, à mes débuts, on ignorait si les relations entre les membres d'un groupe de gorilles de l'Ouest ressemblaient vraiment à ça, ou si le fait qu'ils s'alimentent en fruits pouvait déclencher une plus forte hiérarchisation entre les femelles. Sur le terrain, je me suis vite rendu compte que, parfois, une femelle dominante pouvait être autoritaire à son niveau vis-à-vis des autres femelles ou des subadultes, jusqu'à oser défier le dos argenté.

Subadulte ? Un synonyme ou presque d'« adolescent ». L'adjectif désigne la tranche d'âge où l'individu a atteint la taille adulte, mais dont le développement n'est pas encore complètement abouti. Quand j'ai commencé mes recherches, du flou entourait la chronologie de ces transformations à la fois physiques et sociales. On savait que cette sortie de l'adolescence n'est pas synchrone entre femelles et mâles, et que les femelles subadultes quittent leur groupe natal vers sept à huit ans pour rejoindre un autre groupe ou un mâle solitaire, avec lequel elles auront leur premier bébé vers l'âge de onze ans. J'ai pu observer que c'est alors seulement que leur corps change et prend les traits et la silhouette d'une femelle adulte. Après l'accouchement, les seins deviennent apparents, et le sommet de leur crâne, jusque-là plat, s'arrondit pour être plus saillant.

Du charme de la crête

Les adolescents mâles, eux, atteignent beaucoup plus tardivement le stade adulte. Après une brève période d'adolescence qui commence à sept ans et demi, ils deviennent à onze ans des « dos noirs », un terme un peu mensonger, car ils arborent en réalité un pelage au-dessus des reins plutôt brunâtre, teinté de reflets rouge-orange qui s'accentuent et s'étendent avec les années.

Les poils finissent par dégénérer en blanc/gris, exactement comme nos cheveux lorsqu'ils blanchissent ! C'est à cause du même processus physiologique : des boules d'air s'insèrent dans la structure interne du poil, et la pigmentation se fait moins visible. Le mâle devient un jeune dos argenté à quatorze ans et atteint le stade adulte à environ dix-huit ans. Outre son flamboyant pelage gris, il arbore une crête sagittale, l'ornement typique de l'espèce (parmi les grands singes) qui joue un rôle dans la « séduction ».

Pourquoi un gorille mâle adolescent met-il environ deux fois plus de temps qu'une femelle à atteindre l'âge de la reproduction ? Il y a une réponse mathématique. Son corps doit devenir deux fois plus imposant. Il doit grandir non seulement en taille, mais surtout en muscles. La crête sagittale est, par exemple, formée non seulement d'os, mais aussi de graisse et de muscles. Devenir un Monsieur Muscle est essentiel pour sillonner la jungle en solitaire sans craindre les attaques de prédateurs comme les léopards (les femelles, elles, se placent généralement sous la protection du dos argenté pour les trajets). Mais aussi pour se battre contre d'autres mâles, conquérir de nouvelles femelles ou bien rassurer celles de son groupe sur sa capacité à les protéger, elles et leurs petits, contre les attaques d'autres mâles. À ces arguments physiques, l'âge ajoute aussi l'expérience, tout aussi indispensable à la survie du groupe. Suivre son père dans ses activités quotidiennes et les interactions avec d'autres groupes est certainement un excellent terrain d'apprentissage pour un jeune mâle.

Le développement des gorilles de l'Ouest sauvages est plus lent que celui des gorilles de montagne, qui muent de jeune dos argenté en vrai dos argenté trois ans plus tôt, à quinze ans. Ce retard, observé pour toutes les classes d'âge des gorilles de l'Ouest, semble découler d'une plus grande instabilité alimentaire, due à la plus franche saisonnalité de la disponibilité des fruits, quand leurs cousins des montagnes se nourrissent principalement d'herbes, abondantes toute l'année. Une preuve simple de ce mécanisme ? Regardez dans les zoos, où les pensionnaires sont pratiquement tous des gorilles de l'Ouest : leur développement y est beaucoup plus rapide que dans la nature ! Simplement parce que leurs apports caloriques sont constants.

Les femelles quittent le groupe à environ sept ans, *quid* des mâles ? Ont-ils la même destinée ? Oui, ils migrent aussi, et c'est un cas unique parmi les grands singes. Chez les chimpanzés, seules les femelles quittent la communauté natale (l'équivalent social du groupe familial des gorilles). Une fois qu'un mâle gorille devient dos argenté, il part dans la jungle et reste solitaire jusqu'à ce qu'il réussisse à voler des femelles à un autre groupe.

Il n'y a donc qu'un seul mâle adulte dans un groupe. Quel est le moteur de son départ ? En fait, à mesure qu'ils grandissent, les subadultes (mâles et femelles) sont de moins en moins tolérés par les adultes, précisément parce qu'ils entrent en compétition alimentaire avec eux. En outre, comme dans notre société, les adolescents, ainsi que nous le disons en italien, ne sont « ni viande ni poisson ».... Pour ces raisons, ils sont souvent contraints de rester à la périphérie... sauf si leur mère est puissante et d'une importance primordiale pour le groupe.

Ce privilège de sang a bénéficié à Tembo, fils de l'indomptable Malui. Il conservait souvent une place particulière dans le groupe, par exemple en comparaison avec une autre adolescente, la nouvelle femelle de Makumba. Mabor (ainsi appelée parce qu'il lui manquait quelques doigts à la main gauche, certainement à cause d'un câble de chasse installé par des braconniers dans la forêt) était arrivée au stade subadulte dans le groupe de Makumba, et, tant qu'elle n'avait pas donné un héritier à ce dernier, elle n'avait pas droit à la parole face à l'encombrante et bruyante Malui et sa longue lignée de descendants (le petit nourrissant Epolo, les jumelles juvéniles, Inguka et Inganda, et le presque dos argenté Tembo) ! Pas de chance pour elle, dernière arrivée... donc reléguée au bas de la hiérarchie.

Comme au sein d'une population de gorilles de montagne en Ouganda, à Bwindi, qui est un peu plus frugivore que celle du Rwanda, il semble donc que l'ancienneté dans le groupe et l'âge jouent un rôle dans la hiérarchie entre les femelles adultes. Chez les chimpanzés de la Côte d'Ivoire, ce phénomène est bien connu : à partir de l'âge du nourrisson, les petits des femelles dominantes se voient octroyer un avantage en termes de nourriture et d'accès aux outils (par exemple, aux pierres qui servent à écraser les noix) par rapport aux petits des femelles de rang inférieur. Jamais je n'aurais cru observer quelque chose de semblable chez les gorilles, tant la hiérarchie entre les femelles y est bien moins prononcée.

Bluff dans la jungle

Maintenant que vous connaissez la structure de la société gorille, voici… certains écarts, dirons-nous pudiquement, par rapport à la norme. Un exemple de situation, qui illustre parfaitement la composante théâtrale que j'ai pu observer, a mis en scène le groupe de Mayele. Lors d'une sortie en forêt sur les traces de ce groupe, l'individu dans notre viseur était Mapoki, une femelle agressive tout en rondeurs (à l'époque, le groupe en comptait seulement deux : elle et la gentille Duma, à la silhouette élancée ; je vous laisse imaginer laquelle des deux dominait l'autre…).

Cette Mapoki n'est pas celle qu'on avait baptisée au début de l'habituation du groupe. À l'origine, la *vraie*

Mapoki (« sourcils » en langue locale) désignait une femelle aisément reconnaissable à ses marques horizontales au-dessus de ses yeux, comme si elle avait deux sourcils dessinés ou maquillés. En fait, quelques années plus tard, alors que la vraie Mapoki avait quitté le groupe sans que les équipes d'assistants s'en aperçoivent, ils l'ont alors confondue avec une autre femelle de Mayele. Depuis, celle-ci a conservé son nom de Mapoki, sans arborer aucun « sourcil » évident. C'est la réalité du terrain !

Même si le groupe de Mayele était maintenant habitué à notre présence, Mapoki (la fausse, donc) continuait de nous considérer comme des parasites et nous donnait du fil à retordre. Son observation restait problématique. Elle avait fini par nous tolérer, mais, dès qu'elle le pouvait, elle s'infiltrait dans les ebukes, la végétation herbacée dense et épineuse, pour nous perdre. Ce jour-là, j'étais ravie, parce que le groupe s'était arrêté dans la forêt primaire ouverte avec très peu de sous-bois du fait de l'importante canopée. Je bénéficiais d'une visibilité parfaite sur elle et son petit Manjombe. Ils mangeaient placidement au sol de jeunes feuilles. Me tenant à distance pour ne pas trop la stresser, je notais ses activités sur mon carnet. Mayele se tenait à quelques mètres d'eux, prenant son repas avec Mapoki, seuls, tandis que le reste du groupe demeurait invisible.

Soudain, Mayele interrompit le silence par des « hum » sonores, la vocalisation la plus courante des gorilles de l'Ouest. Ces appels ont été étudiés principalement chez leurs pendants de montagne et sont appelés *close calls*, car ils sont employés à courte distance. Il s'agit de vocalisations très douces, plutôt gutturales... parfois très semblables à un « hum » qu'une personne peut pousser lorsqu'elle est pensive ou apathique. Les gorilles produisent diverses variations de ces grognements, plus ou moins longues, plus ou moins gutturales et quelquefois composées de plusieurs syllabes répétées. Le dos argenté s'en sert pour coordonner le groupe et le rassembler. Mayele espérait sans doute rameuter ses troupes.

Mais, au bout de plusieurs dizaines de minutes de ce concert, comme personne n'avait répondu à son appel, il adopta soudain un comportement atypique qui attira mon attention. Il ramassa une longue tige de djele, un végétal qui cache derrière une peau dure une moelle très riche en protéines. Le djele est la nourriture de base des gorilles de l'Ouest, et je pense que c'est souvent leur principale source d'eau lorsque, comme dans le cas du groupe Mayele, aucune rivière ne coule dans la zone où ils vivent. Ils en consomment quotidiennement, sans que cela représente pour autant un mets d'excellence pour eux. Mais cette fois, en la mangeant, Mayele poussa une série de grognements qui ressemblaient un peu au bruit de contentement que nous produisons lorsque nous savourons quelque chose de bon – le « miam miam miam » dans une bande dessinée.

À la différence près que le son évolue en un crescendo de fréquences, se hissant dans les aigus avant de redescendre dans les graves, et ce plusieurs fois d'affilée. Ce borborygme chantant possède le même sens de plaisir évident que chez nous : autrement dit, Mayele était en train de signifier qu'il se régalait d'un repas délicieux. Ce qui était faux ! Il mangeait une nourriture tout ce qu'il y a de plus banale. Qu'en penser ? Le dos argenté bluffait ! Tout ça parce que les autres ne lui obéissaient pas.

Vous devez penser que je surinterprète l'attitude de Mayele, mais je ne le pense pas. J'ai observé le même comportement chez les autres dos argentés dans divers groupes. Des vocalisations liées à l'activité alimentaire sont connues chez plusieurs espèces de singes, y compris les singes à queue comme les ouistitis, mais aussi chez différents grands singes tels que les chimpanzés.

Chez ces derniers, elles ont pour fonction d'appeler et de rassembler un certain nombre d'individus autour d'une ressource telle qu'un arbre fruitier. Les études ont montré qu'elles remplissent également un rôle dans la prolongation des moments de nourrissage, afin que chacun puisse satisfaire ses besoins énergétiques et nutritionnels. Bien que ces productions sonores aient été largement étudiées chez les chimpanzés et les bonobos, personne ne les avait analysées en détail chez les gorilles de l'Ouest.

Vocalisations déroutantes

Quel rôle précis jouaient-elles ? À l'université, j'avais appris que les vocalisations alimentaires des singes déconcertaient les éthologues. Chez les ouistitis, les individus les émettent lorsqu'ils découvrent de la nourriture, mais ceux-ci se montrent agressifs dès qu'ils sont rejoints par les congénères ayant entendu leur « appel ». Étrange. Pourquoi appeler, alors, si cela augmente la compétition pour la nourriture ? C'est une question qui m'a toujours intriguée, bien avant que j'aie la chance d'aller sur le terrain et de découvrir que les gorilles de l'Ouest en émettent.

Au fil des années, j'ai eu la chance de pouvoir collecter un jeu de données unique au monde sur cinq groupes de gorilles de l'Ouest habitués, avec l'aide de certains de mes étudiants, et j'ai pu finalement percer ce mystère. Encore une fois, le gorille qui m'avait le plus stimulé pour mener cette étude était Malui. Pourquoi ? Parce que, tout comme celui de Mayele, son comportement avait constitué une énigme qui m'avait longtemps déconcertée.

Dès que Malui arrivait devant un arbre riche en fruits mûrs succulents, elle émettait cette vocalisation de plaisir. Les autres femelles adultes, comme Mopatapata, accouraient aussitôt sur les lieux et grimpaient dans l'arbre jusqu'à ce que Malui, forte de son caractère dominant, les attaque avec des aboiements agressifs, les poursuive et parfois même les confine dans un coin de l'arbre ou les contraigne à descendre. Lorsque j'avais observé ces agressions les premières fois, elles étaient apparues comme une véritable contradiction, exactement comme chez les ouistitis. Si Malui souhaitait conserver pour elle son butin, pourquoi manifestait-elle bruyamment sa joie ? Ne pouvait-elle pas se retenir d'exprimer son émotion positive ? Il y avait là une incohérence que je ne m'expliquais pas.

En fait, la fréquence de ces appels de nourriture était plus élevée chez les femelles adultes. Nous avons pu montrer que les mères ont recours à ces appels alimentaires quand elles découvrent dans la jungle des aliments exquis en abondance, comme des fruits sucrés – des aliments riches en calories, et donc de meilleure qualité. On pourrait penser qu'elles manifestent simplement leur joie. Mais elles font beaucoup plus que ça ! Le fait que les gorilles émettent ces appels liés à la nourriture avant même d'avoir entamé leur repas montrait que ce comportement n'était pas purement instinctif, en réaction à un stimulus simple comme le goût du fruit, mais qu'il s'agissait d'un comportement potentiellement volontaire.

En réalité, les femelles n'arrêtent de vocaliser que lorsque tous leurs petits et le dos argenté arrivent à l'arbre. Cela signifie qu'elles persistent et insistent dans leur comportement jusqu'à ce qu'elles aient atteint leur but ! Un comportement qui n'est donc ni spontané ni inné, mais totalement raisonné. Les femelles attiraient-elles leurs enfants et le dos argenté à la fois pour nourrir leur progéniture tout en s'assurant la protection du mâle ?

Ces appels adressent aussi un message très précis et précieux aux autres membres éloignés du groupe : « Venez ici, il y a de la bonne nourriture en abondance ! » Peut-être les gorilles ne veulent-ils pas envoyer ce message à tout le reste du groupe. Quoi qu'il en soit, cette constatation m'a amenée à me poser d'autres questions. Les femelles qui émettent ces appels parviennent manifestement à attirer de nombreux individus du groupe, voire l'intégralité, vers leur arbre, tel un aimant. Cela signifie-t-il qu'elles ont aussi le pouvoir de décider de l'endroit où aller et qu'elles guident en quelque sorte les mouvements du groupe ? N'est-ce donc pas toujours le dos argenté qui choisit la direction à suivre ? C'était pourtant ce que l'on avait toujours pensé de la société machiste des gorilles, d'après l'observation des gorilles de montagne…

6

Libre arbitre

Mayele avait donc bluffé en émettant ses « miam miam » ! Il n'y avait aucun fruit délicieux en abondance dans les environs. Il avait parfaitement conscience de ce qu'il faisait. Une façon d'envoyer le message au reste du groupe : « J'ai trouvé un mets exquis, et il y en a pour tout le monde. Venez tous ! » Pur boniment ! Il avait menti éhontément à tous. Quand j'ai compris cela, j'étais sidérée. Cette observation alimentait une réflexion qui commençait sérieusement à faire son nid en moi : les gorilles semblaient disposer d'une forme de liberté dans leur comportement. J'allais bientôt me rendre compte que cette marge de manœuvre s'étendait à leur communication vocale.

Il était entendu que Mayele avait tenté de tromper son monde avec ses vocalises. Le mensonge est une capacité cognitive et intellectuelle très complexe et développée, typique d'un cerveau machiavélique comme celui de notre espèce. Les gorilles en étaient-ils vraiment capables ? Les grands singes, comme nous, ont un encéphale dont la taille relative, par rapport à la taille du corps, est beaucoup plus grande que celle de tous les autres primates et animaux. Cela leur confère probablement des capacités cognitives uniques. Le cas de Mayele n'était pas isolé. Au cours des sorties avec les différents groupes de gorilles que j'ai étudiés, j'ai vu plusieurs dos argentés reproduire cette duperie. L'observation du mensonge chez cette espèce est une avancée majeure dans l'étude de l'intelligence animale. À ma connaissance, ces observations sont les seuls cas avérés chez les primates sauvages.

Le même genre de subversion de la part de femelles s'est produit le jour où la duplicité de Mayele a éclaté au grand jour. Quand j'ai raconté cet épisode, je me suis arrêtée au mensonge proféré par le dos argenté, lorsqu'il a laissé croire aux siens, par ses cris, qu'il avait découvert un paradis de fruits mûrs à la place de simples herbes. Mais l'histoire ne s'arrête pas là. Comme les autres dos argentés dans des situations similaires, Mayele a ensuite dû être déçu, car personne n'a souscrit à son appel. Les autres femelles et le reste du groupe (composé de sa progéniture et des autres jeunes mâles, c'est-à-dire ses fils) étaient manifestement très occupés ailleurs et n'avaient pas dû l'entendre. Pendant mes journées en forêt, j'essaie toujours d'avoir une vue d'ensemble de l'endroit où se trouve chaque membre du groupe – ce que mes étudiants en particulier trouvent très difficile. Les Bayaka sont un atout essentiel pour y parvenir (il faut interagir avec eux autant que possible et leur poser les bonnes questions au bon moment). En fait, nous avions croisé les autres gorilles plus tôt dans la malapa, une forêt monodominante, alors qu'ils cherchaient des champignons très prisés, sous l'épais sous-bois de feuilles mortes typique des forêts tropicales. D'après les pisteurs bayaka, à l'oreille bionique, ils y étaient toujours : ils stationnaient juste à environ cent mètres de la position de Mayele et devaient parfaitement entendre ses vocalises. Leur manque de réaction était donc totalement délibéré : un vrai crime de lèse-majesté, selon la loi gorille ! Cette irrévérence m'a surprise. J'ai toujours pensé que le dos argenté dictait la règle, qu'il était le chef intemporel du groupe.

Pour être honnête, je dois dire que les femelles avaient certainement la tête ailleurs. Ces champignons, qui ressemblent à des billes noires à coque dure, poudreux à l'intérieur et au goût très salé, sont extrêmement difficiles à trouver. Des heures de prospection sont nécessaires pour en dénicher un de temps en temps. Mais le jeu en vaut la chandelle : très riches en protéines et en minéraux, ils présentent des propriétés médicinales uniques que nous sommes en train d'analyser.

Les femelles et les jeunes mâles qui les accompagnaient avaient en somme de bonnes raisons de ne pas écouter leur dos argenté. Malgré tout, jamais je n'aurais imaginé qu'ils puissent oser contrer sa toute-puissance, qu'une femelle puisse ignorer son appel. Tout laissait croire que la société gorille était moins rigide que je ne le pensais.

Je découvrais peu à peu que non seulement les femelles gorilles étaient plus indépendantes que ce que nous avions toujours avancé, mais aussi qu'elles pouvaient attirer l'attention du groupe par leurs appels, de manière à le faire changer de direction. Était-il possible que ces gorilles de l'Ouest soient si différents de leurs cousins des montagnes ? Les femelles de l'espèce qui me passionnait étaient-elles plus émancipées ? D'une certaine manière, elles avaient vraiment beaucoup à me faire découvrir et étaient en quelque sorte plus modernes que certaines sociétés humaines actuelles.

« *Protolangage* » ?

Un autre intérêt de ces travaux est d'alimenter le débat sur la possible communication chez les animaux. Certains chercheurs, y compris des primatologues, voient la communication intentionnelle comme une caractéristique unique du langage articulé humain. Or, comme vous venez de le voir notamment avec Mayele et ses appels mensongers, il semble évident que les gorilles de l'Ouest eux aussi adressent des messages précis et « réfléchis » à leurs congénères. Plus généralement, étudier si les animaux comme les gorilles ont des caractéristiques plus complexes dans leur façon de communiquer nous aide à éclairer leurs besoins, leurs comportements et leurs spécificités cognitives. Et peut-être un jour à retracer l'histoire évolutive du langage humain : est-il né à partir d'un protolangage animal ou apparu *ab initio* ? Quelles sont les contraintes socio-écologiques, les situations qui ont favorisé le développement de notre langage complexe ?

Aujourd'hui, nous n'avons pas de réponse claire à ces questions ni de consensus établi parmi les chercheurs, en particulier parmi les spécialistes de l'Homme, du singe ou d'autres animaux. D'un côté, des primatologues observent clairement des bases de protolangage chez certaines espèces de singes (ainsi, les vervets et les babouins émettent plusieurs cris d'alarme différents pour informer le reste du groupe si l'attaque du prédateur vient d'en haut, par le bas, ou s'il s'agit d'un gros félin, voire d'un serpent).

Et il y a ces études, comme avec la gorille Koko, entamées dans les années 1970, où l'on enseignait à de grands singes le langage des signes ou un langage symbolique. Bien que non exempts de critiques, ces suivis ont néanmoins prouvé que les chimpanzés, les bonobos et les gorilles pouvaient apprendre à communiquer par le biais d'un langage symbolique et savaient même produire de nouveaux vocabulaires, une des caractéristiques de base du langage complexe humain. À l'autre extrême se tiennent des anthropologues et des zoologues plus prudents, qui ne voient l'expression intentionnelle du langage que dans l'espèce humaine, parce qu'elle est la seule à établir ouvertement et exagérément une communication volontaire.

La fin de la scène avec Mayele m'a offert une nouvelle plongée dans les possibilités abyssales du langage animal. N'ayant pas obtenu le résultat escompté, c'est-à-dire le retour des siens, le dos argenté a manifesté un comportement encore plus anormal qu'avant, qui a dépassé l'entendement. Il a combiné de façon très intrigante et étrange une série de vocalisations que je connaissais bien prises séparément, mais que je n'avais jamais entendues associées entre elles, hormis dans des situations similaires chez les autres groupes. Je ne savais plus comment marquer ces cris sur mon carnet. Il s'agissait de « hum » qui se poursuivaient par la partie finale d'un appel à la nourriture (le fameux « miam miam »), puis se terminaient comme en point d'interrogation, autrement dit par un son qui montait dans les aigus, à la manière de la fin d'une question dans notre langage.

Voilà déjà un quart d'heure que Mayele avait entonné ce refrain. J'étais confuse et stupéfaite. J'avais l'impression qu'il venait soudain d'apprendre, comme par magie, à marier les mots en une phrase interrogative, pour demander : « Où êtes-vous ? Qu'est-ce que vous faites ? » Avais-je raison ? S'agissait-il vraiment de sons qui relevaient d'une sorte de « protolangage » ? À une forme de (je n'osais prononcer le mot dans ma tête)... *protosyntaxe* ? L'avenir le dira probablement, car nous menons des recherches en ce moment pour essayer d'identifier des combinaisons de sons au sein des vocalisations.

Malgré ses efforts redoublés, Mayele essuya un nouvel échec. Personne ne revenait. Devant cette désobéissance patente et répétée, il a fini par perdre patience. Il a résolu la situation en usant de son autorité machiste, consacrant toute son énergie à produire un magnifique hooting sonore (le cri qui sert aux gorilles à communiquer sur de longues distances), tout en se frappant énergiquement la poitrine avec la paume de ses mains (et non avec les poings fermés, comme on imagine souvent les gorilles le faire !), à la King Kong. Ce geste et deux autres, la frappe d'une main sur le sol ou sur un contrefort d'arbre, sont un signe clair de l'impatience ou du niveau de nervosité d'un dos argenté et font trembler la terre à des kilomètres de distance.

Il faut croire qu'ils font également trembler les femelles et les jeunes, car le reste du groupe n'a pas tardé à rappliquer, abandonnant sa chasse au trésor ! Au total, le psychodrame avait duré une heure environ. C'était le temps qu'il avait fallu à Mayele pour restaurer son autorité sur les insurgés. Une fois le groupe réuni, le mâle l'a mené dans la direction opposée à la mapala, la partie de la forêt où les femelles subversives étaient en train de chercher leurs champignons.

Cet épisode a marqué un tournant dans mes recherches. Après m'être d'abord intéressée à comprendre certains aspects de la vie quotidienne des gorilles, je venais de saisir que les comportements inhabituels que j'observais ponctuellement, ces écarts à la norme, fournissaient une véritable mine d'or scientifique pour comprendre ces merveilleux animaux, surtout quant au caractère trempé et caché des femelles. Elles se montraient plus émancipées que tout ce que j'avais toujours pensé ! Dès lors, j'ai consacré une partie importante de mon énergie à élucider des anomalies fleurissant dans le comportement des gorilles, convaincue qu'elles ouvraient la porte à de nouvelles découvertes.

Personnalités

Mensonge, duperie, trahison ? Plusieurs décennies en arrière, ces qualificatifs auraient été taxés d'anthropomorphisme. Ces écarts par rapport aux normes, cette souplesse de la société gorille se retrouvent également au niveau individuel. Aujourd'hui, dans l'étude du comportement animal, il est très à la mode de mener des recherches pour montrer que chaque individu a sa propre personnalité. Mayele (« politicien » en langue locale, parce qu'il réussissait à nous faire perdre ses traces pendant l'habituation, en slalomant dans la forêt) était un colosse zen. Bien entendu, certains facteurs physiologiques, comme la stature, avaient probablement dû influencer son comportement. On sait bien, par exemple chez les chiens, que les petits individus sont en général plus agressifs que les grands. Était-ce l'origine de la différence entre Mayele, d'un calme olympien, et Makumba, le gorille le plus stressé que j'aie connu ?

Le caractère de chacun se reflétait aussi probablement dans la cohésion de leur groupe. Le groupe de Mayele était souvent moins soudé que celui de Makumba. Pour un individu détendu comme Mayele, diriger un effectif important ne constituait pas un problème ; les membres s'éloignaient ainsi temporairement sans qu'il s'en émeuve. Makumba, en revanche, flirtait avec la manie du contrôle et devait toujours avoir les autres à sa portée, sinon il filait les chercher. Probablement en raison de son impressionnante carrure, Mayele n'avait également aucun problème à rester derrière quand les autres partaient chercher à manger, continuant à dormir profondément pendant la sieste typique des gorilles de l'Ouest à la mi-journée.

Même l'habituation de son groupe s'est déroulée quasi sans incident. Certes, Mayele avait mordu une fois un pisteur, mais c'était par accident, à cause de la malchance (une bûche qui servait de banc à l'équipe d'habituation s'était soudainement cassée en provoquant un grand « crack » !). En général, Mayele était beaucoup plus tranquille que ce paquet de nerfs de Makumba, toujours en état d'alerte et très interventionniste. Quand le hooting d'un jeune égaré retentissait loin dans la jungle (une situation dans laquelle Makumba nous chargeait immédiatement, rappelez-vous), Mayele faisait savoir à l'imprudent d'un simple « hum » qu'il était là, qu'il l'avait entendu et qu'il l'attendait. Je ne sais expliquer ces attitudes singulières autrement que par le reflet d'une personnalité différente. Si tous les gorilles de l'Ouest ressemblaient à Mayele, nous disposerions sûrement de davantage de groupes habitués.

Chez certaines espèces de primates, très étudiées du point de vue de la hiérarchie qui s'établit entre les individus, comme les babouins et les macaques, les études de personnalité ont également montré que les individus les plus agressifs envers leurs congénères sont aussi les plus dominants. En fait, c'est certainement ce que l'on observe en termes de personnalité chez les femelles gorilles de l'Ouest ! Vous comprenez maintenant pourquoi Malui, qui a toujours quelque chose à dire sur tout le monde, cherchait à dominer la timide et gentille Mopambi. Son caractère pétillant et décisif l'a certainement aidée à se mettre en avant et à se faire respecter. Au contraire, le caractère soumis de Mopambi l'a toujours maintenue un peu dans l'ombre de ses congénères.

Départs dans la forêt

La marge de manœuvre individuelle s'immisce aussi au niveau du choix du partenaire sexuel. Chez les animaux, notamment les primates, on a longtemps pensé que celui-ci relevait uniquement du mâle. Mais l'image d'un colosse s'empoignant avec d'autres mâles pour s'emparer des femelles est périmée. Le dos argenté n'a pas toutes les cartes en main, comme on l'a longtemps considéré. À la maturité sexuelle, les mâles et les femelles quittent leur groupe natal. Les premiers le font beaucoup plus tard que les secondes, lorsqu'ils ont développé leur dos argenté et que leur crête devient de plus en plus proéminente. La stature de forts des Halles qu'ils ont normalement acquise les met en mesure de protéger leurs futures femelles et leur progéniture.

Qu'advient-il ensuite des jeunes dos argentés ? Au début, ils sont solitaires et se détachent progressivement de leur groupe natal. Ils recherchent leur nourriture en demeurant de plus en plus en périphériques, comme des satellites autour de leur planète (s'ils essayent de s'y mêler lors des repas, ils en sont chassés par les femelles adultes ; ils n'ont alors pas d'autre choix que de s'éloigner pour se nourrir). Une fois définitivement partis, ils tentent d'attirer les femelles d'un autre groupe afin de former leur propre famille. Mais tous ne réussissent pas. Certains, malheureusement pour eux, restent seuls et courtisent leurs congénères toute leur vie !

Un jour, alors que j'étais absente du centre WWF et me trouvais loin de la forêt, les pisteurs m'ont annoncé avec joie que Kunga était revenu visiter le groupe de Makumba. Il désirait montrer (sans doute fièrement) à son père qu'il avait acquis plusieurs femelles. Depuis son départ, il était devenu un superbe dos argenté. J'avais toujours eu peur que Kunga reste solitaire pour le reste de sa vie, car j'avais remarqué un voile blanc dans l'un de ses yeux à l'adolescence. J'avais noté ce détail aux jumelles après avoir observé qu'il se protégeait avec ses mains quand il y avait trop de lumière. Une lésion consécutive à une blessure provoquée par une branche ? L'hypothèse m'est venue, car j'avais moi-même souffert d'une mésaventure similaire peu de temps auparavant : une feuille m'était entrée directement dans l'œil comme une épée, me causant une douleur terrible (comme je n'avais pas de miroir fixe au camp, une fois de retour, je n'y avais plus pensé ; quelques semaines plus tard, un visiteur de passage au campement m'avait fait observer que j'avais développé une tumeur bénigne, traumatique, sur la partie blanche qui reste encore visible aujourd'hui... l'un des cadeaux que m'a légués la forêt !).

D'après des études menées sur plusieurs groupes dans les salines de Mbeli Bai et Ozala, il semble que l'une des clés de la séduction des mâles soit la crête sagittale, ainsi que les muscles proéminents des fesses. Les dos argentés avec une crête exubérante sont visiblement considérés comme les plus sexys ! Comme la toison dorsale, la crête est un caractère sexuel similaire à la roue du paon. Ces attributs secondaires ont longtemps conduit les chercheurs à croire que les femelles n'avaient guère voix au chapitre en matière de reproduction, tandis que les mâles, avec leurs parades et autres artifices, disposaient d'une totale liberté de choix.

Libre choix sexuel

Quid du sort des femelles ? Elles quittent leur groupe natal vers l'âge de sept ans donc, pour rejoindre un mâle solitaire ou un autre groupe. Cette union est parfois temporaire, et elles peuvent aussi changer de groupe après des années, si elles ne se sentent pas suffisamment protégées par le dos argenté comme nous l'avons évoqué, ou si elles ne parviennent pas à se reproduire avec lui. Bref, les femelles ont le choix. Elles décident beaucoup plus de choses qu'on ne l'imaginait avant ces études !

Je me souviens avec émotion du jour où Mio, la fille aînée de Malui et Makumba, a délaissé le groupe. Son père était nerveux et multipliait les démonstrations de force : il sentait la présence d'un dos argenté à proximité. De fait, un beau et jeune spécimen a soudain surgi dans l'épais feuillage de la forêt et s'est dirigé vers Mio. Devant la tempête de charges et de démonstrations de force de Makumba, il était difficile d'observer ce que faisait Mio et si elle était intéressée par l'opportunité de partir… mais je dirais que oui. Je l'ai vue s'éloigner, le nouveau dos argenté lui tenant la main dans la végétation épaisse. Et je ne l'ai plus jamais revue après ce jour-là. Makumba avait observé la scène de loin, sans intervenir (il en aurait été autrement si on lui avait volé l'une de ses « épouses » adultes). D'une certaine manière, il savait qu'il devait en être ainsi et a laissé faire les jeunes.

Je me rappelle aussi l'exemple de Bai, une adolescente qui avait migré vers le groupe de Kingo (« voix » en langue locale, car on le reconnaissait pendant l'habituation de son groupe à sa voix, différente de celle des autres dos argentés rencontrés dans la forêt), un puissant mâle à l'apparence bestiale, que j'ai étudié pendant une courte période, à Mondika, de l'autre côté de la frontière avec la République du Congo, à plus au moins seulement quarante kilomètres des gorilles de Dzanga-Sangha. Très jeune, elle arborait encore les traits de l'adolescence (petite avec une tête aux contours ronds et juvéniles, sans poitrine développée en seins, elle avait encore l'apparence de ces individus dont il est très difficile de dire s'ils sont mâles ou femelles). Mais, en tant que dernière arrivée et très jeune, elle occupait la dernière place dans la hiérarchie féminine de Kingo, qui avait déjà sous sa coupe cinq femelles.

Plus tard, je n'ai nullement été surprise d'apprendre que Bai ne s'était jamais reproduite avec Kingo, et qu'elle était même partie deux ans plus tard rejoindre un autre groupe. Elle avait sans doute échu dans un havre plus accueillant, un groupe plus limité où elle bénéficiait d'un meilleur statut. Cela avait été son choix.

7

VIES ÉCOURTÉES

La mort vient de frapper le groupe de Makumba, juste sous nos yeux. Implacable et injuste. Je suis bouleversée jusqu'aux larmes et les joues ébène de mon pisteur, Ngombo, s'humidifient aussi. Le groupe de Makumba est perché à une trentaine de mètres au-dessus de nous. Quand le drame est survenu, les gorilles savouraient les jeunes feuilles tendres et riches en protéines d'un manjombe. Un hurlement avait soudain retenti : Mobangui, une petite gorille femelle de deux ans, avait glissé du sommet.

Ngombo et moi étions seuls, car j'avais envoyé le second pisteur marquer l'itinéraire que nous avions emprunté, afin de permettre à l'équipe de l'après-midi de nous retrouver. Tous les deux avions aperçu la boule de poils gris-brun tomber comme une pierre. La vocalisation s'était coupée net au moment de l'impact.

Ngombo et moi nous étions regardés, pensant la même chose : « Mobangui est morte ! »

Immédiatement, la mère de Mobangui était descendue de l'arbre – l'impressionnante et redoutée Bombe (celle qui explosait de colère en nous voyant), au profil rond et corpulent. Elle s'était approchée du corps de son enfant qui gisait sur le sol sans bouger. Comment allait-elle réagir à cette perte ? Allait-elle seulement comprendre qu'aucun souffle de vie n'animait plus la dépouille ? La mort avait-elle un sens dans le monde sans pitié qu'affrontent les gorilles au quotidien ? Je l'ignorais encore, mais la façon dont ceux-ci gèrent la perte d'un des leurs allait devenir l'un de mes sujets d'étude.

La première réaction de Bombe a été de poser son enfant sur ses épaules, comme font toutes les mères pour porter les jeunes de cet âge. Alors, le bras de Mobangui est lourdement retombé au sol. Bombe ne s'est pas laissé abattre et a effectué une nouvelle tentative. Mais la réaction a été la même. Ébranlés par cette scène, à la fois tendre et triste, Ngombo et moi vidions nos sacs lacrymaux. Mobangui était une gorillon adorable, amicale et curieuse, mais aussi belle et touffue.

Je ne m'attendais pas à voir notre pisteur pleurer pour un gorille. Toutefois, Ngombo n'est pas un Bayaka comme les autres. Attentif à notre travail, il s'était toujours montré fiable, et j'avais une confiance aveugle en lui. Qu'il s'agisse de nous protéger courageusement des éléphants ou de gérer la logistique du campement, il se portait aisément volontaire pour nous aider. De plus, Ngombo rit souvent. Au point que, parfois, il ne parvient pas à terminer la plaisanterie qu'il est en train de vous raconter, parce qu'il part d'un grand éclat de rire nerveux. La silhouette élancée, mais très musclée, il est aussi hyperactif qu'exubérant.

Pour Chloé, Ngombo a toujours été un pilier, et ce depuis le début du programme d'habituation de primates. Elle lui avait confié pour la première fois la clé du stock de nourriture des pisteurs, à savoir le grand coffre en bois situé au centre de la paillote qui leur est réservée au campement et où est précieusement conservé leur trésor : le gozo, la farine de manioc dont les Bayaka (et les Bantous aussi) raffolent en République centrafricaine. Le stock était fourni par le WWF. Aux heures des repas, Ngombo partageait le gozo en évitant les excès et en respectant le plus possible l'égalité, les plus anciens ayant tendance à s'approprier une ration conséquente. Il leur arrivait également de remplir les gamelles sans se soucier des quantités, car cette abondance de nourriture leur paraissait irréelle !

Lorsque je forme mes étudiants en RCA, je leur recommande toujours de travailler en priorité avec Ngombo et Ngbanda. Pisteur infatigable, le premier est le Bayaka qui s'investit le plus dans son rôle. Il arrive qu'après plusieurs heures de suivi réussi, les traces des gorilles nous échappent, comme si les animaux s'étaient soudain dissous dans la jungle. Son visage passe alors d'un sourire radieux au mécontentement. « *Ake njoni apé* ! », s'emporte-t-il. Ce n'est pas du tout bon ! Il prend l'échec comme un affront personnel. Cet investissement émotionnel a un coût : Ngombo se soucie du sort des gorilles, au moins autant que moi. Alors, quand Bombe a fini par comprendre que son petit ne grimperait plus sur son dos, l'émotion a fait plus qu'affleurer chez lui.

Soupçon d'empathie

Qu'a fait Bombe ensuite ? Elle a pris le corps sans vie de Mobangui et l'a transporté un peu plus loin, à seulement un mètre de son ennemie de toujours, Malui, qui dormait au sol non loin du manjombe. Il arrive souvent que les deux femelles se querellent en se disputant de la nourriture. Mais pas cette fois. Bombe a déposé le frêle corps non loin de Malui, sans susciter la moindre animosité chez elle, puis s'est allongée pour se reposer à son tour. En temps normal, cette promiscuité entre femelles aurait été impossible, mais, de façon étrange, la paix régnait à cet instant. Malui avait-elle compris la situation et accepté une trêve temporaire, par compassion envers Bombe ?

La question semble folle, mais je crois bien que la réponse est positive. En fait, d'autres décès se sont produits au sein des groupes que nous avons suivis à Dzanga-Sangha, en RCA. Et nous avons été témoins à plusieurs reprises du même phénomène extraordinaire : lorsqu'un individu meurt, les autres membres du groupe se rassemblent et se serrent les uns contre les autres d'une manière très inhabituelle, surtout quand on sait que les femelles se tiennent souvent très éloignées entre elles, en raison de la compétition alimentaire qui règne chez les gorilles de l'Ouest. Comme si ces dernières, oubliant leurs différends, savaient se montrer solidaires dans une situation difficile. À mon sens, elles manifestent explicitement de l'empathie, un sentiment qu'on pense habituellement être le propre de l'Homme.

Aujourd'hui, nous savons que de nombreuses espèces animales reconnaissent la mort d'un congénère. Le phénomène est connu jusqu'aux invertébrés, comme les fourmis et les termites. Chez les animaux, y compris l'être humain, un cadavre en décomposition émet des acides gras appelés nécrohormones (putrescine et cadavérine), qui confèrent aux corps en décomposition cette odeur typique. Ces molécules agissent comme des repoussoirs éloignant les congénères, qui se prémunissent ainsi contre la contamination de maladies. Chez les primates et d'autres espèces sociales, comme les cétacés et les éléphants, les animaux adoptent des comportements spécifiques face à la mort d'un des leurs. Ils se regroupent autour de la dépouille, et il arrive même que certains, avec beaucoup de curiosité ou pour tenter de glaner des informations, touchent le corps, le sentent (en particulier dans la région de l'anus), voire le toilettent dans le cas des primates, y compris les gorilles de montagne.

Chez ces derniers, un autre comportement intéressant a été observé. Souvent pratiqué par les dos argentés, il consiste en des démonstrations de force. Ils se frappent la poitrine, chargent ou même frappent la dépouille. Ces attitudes, qui peuvent nous interroger, voire nous choquer, servent probablement aux individus qui les adoptent à comprendre et à appréhender l'irréversibilité de la mort, concept que nous acquérons chez les humains vers l'âge de cinq à six ans.

Grâce aux informations visuelles et olfactives, les gorilles appréhendent ce qui s'est passé et évaluent si le sujet est malade ou réellement mort. Peut-être cette inspection leur fournit-elle des informations précieuses sur l'identité de l'individu décédé (par exemple, un parent ou un concurrent connu) ou sur la cause du décès, ou même, qui sait, sur un danger potentiel pour leur propre espèce ? Dans ce sens, les attaques directes constituent probablement des tentatives pour réveiller le corps inerte et tester si la mort est réelle ou non. Elles pourraient aussi être l'expression d'une frustration face au manque de réponse de leur congénère au sol.

Science à part entière

Ces dernières années, l'étude des comportements face à de la mort chez les animaux a été suffisamment documentée pour être élevée au rang de discipline : la thanatologie. Heureusement, dans la nature, ceux que nous suivons n'en font pas souvent l'expérience, de sorte que les recherches reposent principalement sur des rapports anecdotiques. Il n'empêche que, malgré la rareté des observations, il paraît aujourd'hui clair que les primates, les cétacés et les éléphants ont une conscience de la mort et manifestent en quelque sorte un comportement empathique à l'égard de leurs congénères décédés. Chez les chimpanzés hébergés en semi-liberté dans des sanctuaires, lieux in situ où sont accueillis les grands singes confisqués aux braconniers, on a même observé une femelle chimpanzé adopter un comportement que mes collègues anthropologues ont rapproché des pratiques funéraires chez les populations humaines. Arrachant un bâton, elle a prodigué un nettoyage dentaire à son ami/compagnon mort, une scène auparavant vue seulement entre chimpanzés vivants.

Comment l'interpréter ? Plusieurs hypothèses ont été proposées, mais une évidence frappe : chez les espèces très sociales, comme les chimpanzés, où les individus nouent des relations de longue date, les proches de l'individu mort manient la dépouille d'une manière socialement signifiante – c'est-à-dire comme des êtres sociaux plutôt que comme des objets inanimés. Les chimpanzés peuvent former des liens durables, qui continuent d'influencer leur comportement une fois que le partenaire est décédé.

Comme les humains, les chimpanzés ne traitent pas leurs semblables décédés avec négligence. À l'image de ce qu'il en était chez nos ancêtres préhistoriques, cet intérêt pour les morts adopte parfois une dimension morbide dont on ignore le sens. Dans la nature, on a observé des singes à queue et des grands singes (hormis des gorilles) se livrer à des actes de cannibalisme filial (la mère vis-à-vis d'un nouveau-né mort précocement). Mon équipe de recherche a vu ce « rituel » chez des singes capucins maintenus en condition de semi-liberté.

Et Makumba, comment a-t-il réagi à la chute de sa fille ? Le dos argenté est descendu à son tour de l'arbre et, passant devant les deux femelles, a émis un classique grognement, « hum », avant de se jeter à terre lui aussi pour se reposer. Hormis cela, il n'eut aucune réaction particulière. Ne s'était-il rendu compte de rien ou n'avait-il simplement éprouvé aucune émotion ? Nous ne le saurons jamais.

Curieux d'en apprendre davantage sur les réactions du groupe à l'égard de la mort, Ngombo et moi n'avons pas quitté Mobangui des yeux un seul instant, moi à l'aide de jumelles. Et au bout d'une heure, le miracle s'est produit : la boule de poils a imperceptiblement bougé un bras alors qu'elle gisait au sol. Mobangui était vivante ! Je n'en revenais pas, mais une sombre interrogation ternissait mon ravissement. Si son cœur battait encore dans sa petite poitrine, pourquoi ne se levait-elle pas pour sauter au cou de sa mère ? Le choc brutal l'avait-il paralysée ? Notre curiosité n'a fait que s'accroître, et, une demi-heure après, j'ai été rassurée de voir qu'elle pouvait aussi bouger ses jambes.

Ce jour-là, les gorilles ont pris un repos inhabituellement long sous cet arbre, sans doute pour permettre à Mobangui de récupérer. À un moment, Makumba a rappelé tout le monde à l'ordre avec une série de « hum » : il était temps de partir. À notre grande surprise, tous se sont levés, Bombe en dernier. Elle a commencé à s'éloigner, suivie par Mobangui, qui boitait beaucoup. Incroyable : Mobangui pouvait encore marcher ! Une heure auparavant, la sœur aînée de Mobangui avait essayé de la stimuler pour qu'elle joue avec elle, mais Mobangui, allongée au sol, s'était retournée, façon de lui dire « Laisse-moi tranquille ». Là, la jeune a parcouru une dizaine de mètres, puis, pour suivre le rythme du groupe, a grimpé sur le dos de sa mère. Et mère et fille sont parties simplement, comme si la scène n'avait été qu'un douloureux épisode, désormais derrière elles…

Indifférence apparente

À vrai dire, avant que Mobangui ne « ressuscite », je n'avais pas vraiment été étonnée que sa mère garde auprès d'elle le corps de son enfant « mort ». C'est en réalité l'usage chez nos lointains cousins. Les mères de plusieurs espèces de primates non humains, comme les gibbons ou les babouins, sont connues pour conserver près d'elles leur petit après son décès, éventuellement durant un laps de temps important. Chez les primates et les cétacés (dauphins ou orques), les parents continuent de porter et de soigner le bébé défunt quelques heures – quelques mois chez les grands singes. Ce portage post-mortem atteint des niveaux parfois sidérants : chez les chimpanzés et les gorilles, les mères endeuillées gardent la dépouille, la transportent dans les arbres et sur leur dos jusqu'à sa quasi-décomposition totale, quand il n'en reste que les os !

Ce comportement typique de ces espèces sociales interroge de nombreux spécialistes, moi y compris. Pourquoi les singes se livrent-ils à ce ménage ? Il existe de nombreuses hypothèses qui tentent de répondre à cette question. L'une envisage que les soins et le portage prolongés reflètent la force du lien maternel sous l'influence des hormones. J'avoue qu'avant d'expérimenter de première main cet attachement transcendantal que les mères manifestent envers leur bébé, j'avais longuement négligé cette hypothèse hormonale. Aujourd'hui, depuis que je me rends compte que ce lien est beaucoup plus fort que quiconque pourrait jamais le décrire, et que je peine à me détacher de ma fille âgée de quelques mois, je réalise que c'est une hypothèse tout à fait valable !

Une autre idée avancée est que les mères ne saisissent pas que leur enfant est mort. À l'appui de cette hypothèse, on a mis en évidence que le portage et les soins prolongés sont plus probables en cas de décès non traumatique (causé par une maladie, par exemple) que de décès par blessure ou infanticide. Enfin, une autre hypothèse voit dans le portage prolongé une simple tradition culturelle, dépourvue de sens, transmise au sein des familles ou des groupes.

Les mères réagissent-elles sous l'emprise d'hormones ayant créé un lien indéfectible entre le nouveau-né et elles ? Ou plus simplement, la mère ne se rend-elle pas compte de la mort de celui-ci ? Quoi qu'il en soit, comme je l'ai indiqué plus haut, je pense que les primates non humains possèdent amplement les capacités cognitives pour prendre conscience de ce qui se trame sous leurs yeux. La conscience de la mort a longtemps été considérée comme spécifique à notre espèce, mais la neurobiologie des grands singes plaide pour l'existence d'une profonde empathie entre individus. Il n'y a aucune raison de douter que cette compétence particulière, qui consiste à se mettre à la place d'autrui, n'opère pas au moment où l'étincelle de vie quitte l'un des membres du clan.

La zone du cerveau qui semble être responsable des comportements empathiques chez les humains est le cortex préfrontal, situé au niveau du front (de façon plus générale, elle intervient dans la prise de décision, les comportements sociaux, mais aussi l'enregistrement et l'organisation des informations stockées dans l'encéphale). Chez tous les primates, le cortex préfrontal est volumineux par rapport à la taille corporelle, quand on la compare à celle d'autres mammifères.

Chez l'Homme, le rôle du cortex préfrontal a été découvert par hasard quand des personnes, dont cette région avait été endommagée suite à un accident, sont devenues inaptes à comprendre les intentions ou les sentiments des autres – ce qu'on appelle la théorie de l'esprit. Cette capacité nous confère des compétences sociales hautement adaptatives telles que l'enseignement ou la tromperie. Deux camps s'opposent pour expliquer pourquoi l'être humain s'en est vu doté au fil de son évolution : certains chercheurs avancent qu'elle est apparue en même temps que nos capacités cognitives en général, d'autres qu'elle est le fruit de la complexité des réseaux sociaux que nous tissons avec notre entourage. Depuis la découverte du siège de l'empathie, les recherches en neurosciences sur les primates non humains, mais aussi les expériences sur les singes et grands singes testés en zoo ou au laboratoire, se sont multipliées pour essayer de démontrer que les singes sont aussi à même de percevoir les intentions des autres, ainsi que de ressentir des émotions.

Cache-cache

J'ai participé à l'une de ces études, avec des chercheurs en neurosciences de l'Institut du cerveau à Paris. Dans différents zoos en France et à Rome, nous avons comparé les performances chez l'Homme avec celles de sept espèces de primates non humains, parmi lesquelles des singes à queue (lémuriens, macaques, mangabeys) et les grands singes (orangs-outans, gorilles et chimpanzés), dans un jeu de cache-cache avec des joueurs artificiels, piloté par un algorithme et joué par des soigneurs qui leur étaient familiers. Le cache-cache exige de se glisser dans la peau de l'autre : « Quelle est sa stratégie pour gagner le jeu ? » Bilan ? À des degrés divers, tous les singes ont su comprendre les intentions d'autrui (du joueur).

Nous avons cherché à savoir laquelle des deux hypothèses explicatives standards traduisait mieux ce résultat. Nous avons constaté que la probabilité d'afficher un style d'apprentissage compatible avec la théorie de l'esprit suivait l'augmentation du volume cérébral du cortex préfrontal de chaque espèce (un indicateur des capacités cognitives générales), plutôt que la taille du groupe social (qui reflète la complexité du réseau social de l'espèce). Cette étude promeut donc l'idée que l'empathie découle de l'intelligence globale. Elle suggère que la sophistication cognitive sociale des grands singes (mais pas des singes à queue, au moins de ceux étudiés) aboutit à une forme précurseure de théorie de l'esprit, qui reste toutefois beaucoup plus complexe et développée chez *Sapiens*. Autrement dit, les grands singes possèdent une sorte de protothéorie de l'esprit.

Sur le terrain, il est impossible d'évaluer les individus directement avec des tests ou des jeux, sans craindre de modifier leur comportement ou de leur transmettre des maladies. Étudier les émotions ou la théorie de l'esprit est une gageure, et il faut alors saisir toutes les occasions d'observation qui se présentent. Le mensonge des dos argentés, selon lequel il y a suffisamment de bonne nourriture pour attirer le reste du groupe vers lui, est un exemple clair que les gorilles comprennent les intentions des autres avec une extraordinaire clairvoyance !

Je donnerai un autre exemple montrant que les gorilles perçoivent la mort, et pas seulement celle de leurs congénères. Un jour, j'étais en train de travailler avec le groupe de Makumba. Je suivais plus particulièrement Kunga depuis le matin – le jeune mâle avec la pupille un peu blanchie, à l'épaisse fourrure noir de jais (ce n'est pas une coïncidence si son nom signifie « fourrure » en langue locale) et au dos rouge (typique des dos noirs). Tout à coup, Kunga s'est figé et a observé quelque chose au sol. Au même moment, une odeur de charogne nous est montée aux narines. Nous nous sommes enfoncés un peu plus dans l'épaisse forêt pour nous rapprocher de Kunga et comprendre l'origine de sa réaction.

En fait, Kunga s'était arrêté pour observer un potamochère mort, un des cousins africains du sanglier, à quelques mètres de lui. Le corps en décomposition, qui gisait sur le sol dans la végétation ouverte, était repoussant. Des larves de mouches blanches le tachetaient déjà, alors que la peau encore intacte se tapissait de poils orange. À vue de nez, littéralement, il était décédé depuis quelques heures ou une demi-journée. En effet, dans la forêt tropicale humide, l'activité destructrice des espèces fossoyeuses, micro-organismes et autres vers, est extrêmement rapide, comparée à celle qui préside sous nos latitudes.

Le mystère de la mort

Pendant que Kunga fixait le corps, un signe évident qu'il se rendait compte de l'étrangeté de la situation, ses sœurs un peu plus jeunes sont arrivées à proximité. Elles aussi ont immédiatement vu l'animal défunt, et leur réaction a été encore plus singulière. Apeurées, elles ont aussitôt grimpé aux arbres et, une fois dans une position de sécurité en hauteur, ont uriné et déféqué (une réaction de peur typique). Ensuite, elles se sont longuement frappées la poitrine et ont tapé dans leurs mains.

Si se marteler la poitrine peut revêtir plusieurs significations chez les gorilles, allant de la joie et l'excitation, à l'angoisse et au stress, ce geste est aussi un signal d'alerte manifeste. De toute évidence, ces jeunes montraient une réaction anormale, sans rapport avec la façon dont les gorilles se comportent en face de potamochères vivants.

Lors d'une rencontre avec un ou plusieurs potamochères, les jeunes gorilles se limitent généralement à observer ces animaux ou, dans certains cas, à les poursuivre pour jouer avec eux. Mais je ne les ai jamais vus manifester de l'inquiétude, se mettant en sécurité en hauteur et se frappant la poitrine et les mains autant de fois. Pour moi, c'était clair : ils stressaient parce qu'ils étaient en présence d'un animal mort. Cette observation est très précieuse, car rare. Il n'en existe que quatre autres publiées d'un primate interagissant ou réagissant à la mort d'un individu d'une autre espèce. Toutes ont été menées chez le grand singe le mieux étudié, le chimpanzé. Davantage que la peur, c'est la curiosité pour l'animal décédé qu'ils manifestent (à noter que, contrairement aux gorilles, les chimpanzés sont carnivores, ils chassent pour la viande et sont donc familiers des proies mortes).

Que se passe-t-il dans la tête des primates non humains quand ils sont exposés à la disparition d'un individu d'une autre espèce ? Il existe un point commun frappant à toutes ces observations (des morts allospécifiques dans le jargon scientifique), qui peut nous mettre sur la piste : elles concernent seulement des immatures (principalement les adolescents et les juvéniles) de tempérament curieux. Ces rencontres pourraient bien être leurs premiers contacts avec des animaux défunts. Comme chez les humains, l'expérience directe de la mort dans l'enfance facilite peut-être la maturation de sa compréhension. La fin de la scène avec Kunga appuie cette hypothèse : le dos noir a fixement regardé le cadavre du potamochère avant de s'en aller. Peut-être avait-il vécu une expérience antérieure de la mort (il avait certainement vécu celle de son petit frère, Mapopi, retrouvé mort très jeune) ? Après cela, il n'a plus montré aucun intérêt pour le corps immobile au sol.

Cette anecdote, ajoutée à celles dont j'ai été témoin dans la jungle, me laisse penser que les gorilles ont conscience de la mort. Je n'adhère pas à l'hypothèse émise par certains selon laquelle une mère porte la dépouille de son bébé défunt pendant des mois simplement parce que la réalité de sa mort lui échappe. Une conviction est profondément ancrée en moi : les grands singes, de façon générale, comprennent donc parfaitement quand la vie a quitté le corps de leurs semblables. Mais alors, pourquoi, m'objecterez-vous, les mères s'entêtent-elles à transbahuter comme des baluchons leurs petits décédés ?

Positive attitude

La réponse m'a été offerte le lendemain de l'épisode de la chute de Mobangui. C'était une journée maussade, la pluie était tombée toute la matinée. En suivant les traces du groupe de Makumba, nous sommes arrivés tardivement à un arbre gigantesque, l'un de ces géants de la forêt tropicale qu'on qualifie d'émergents parce qu'ils se dressent à plus de soixante mètres de haut et s'envolent largement au-dessus de la canopée. Jouant les équilibristes au sommet, le groupe était en train de manger les feuilles d'une liane. J'ai baissé les yeux, m'attendant à voir Bombe et Mobangui au sol, redoublant de prudence et certainement très craintives après l'accident de la veille. Mais il n'y avait personne au pied du tronc.

Quand j'ai ensuite levé mes jumelles pour repérer les individus en hauteur, je les ai aperçues sur l'arbre colossal. La petite Mobangui se promenait tranquillement à environ cinquante mètres de haut sur une grosse branche. J'étais incrédule. Ni hésitation ni peur n'entravaient ses gestes ! À sa place, n'importe quel humain aurait subi un trauma qui l'aurait fait renoncer à l'escalade, au moins pour un moment. Je m'attendais à ce que sa mère lui interdise ce sport, mais non, toutes les deux jouaient les funambules comme si de rien n'était.

Une intuition sourdait en moi. L'ensemble de ces observations suggérait une solution déconcertante à l'énigme posée par la réaction des animaux face à la mort. Une réponse d'une simplicité à la fois troublante et touchante : pour la majorité d'entre eux, les animaux sauvages ne désarment jamais ! Ils ne sombrent pas dans la dépression suite à un accident qui les a blessés, contrairement à nous, les humains. Leurs capacités de résilience sont extraordinaires par rapport aux nôtres. C'est l'une des plus grandes leçons que les gorilles m'ont apprises.

Après la chute vertigineuse de Mobangui, Bombe aurait pu abandonner son bébé en le croyant mort, mais elle l'a pris dans ses bras et est restée à ses côtés en dépit des apparences, attendant qu'il se relève. Comme on veille un malade dans une chambre d'hôpital. La raison pour laquelle les mères des primates non humains n'abandonnent pas leurs enfants lorsqu'ils sont morts ou semblent l'être, c'est tout simplement parce qu'elles gardent espoir !

D'un point de vue pragmatique, il est certainement plus favorable pour elles d'attendre et de voir si, par hasard, ils se relèveront, plutôt que de quitter à tout jamais un individu sur lequel elles ont tant investi. Qui sait, peut-être le « malade » se rétablira-t-il, comme ce fut le cas pour Mobangui ? Pour moi, au même titre sans doute que les autres mammifères, les gorilles sont d'incorrigibles optimistes.

8

Mœurs cruelles

Il y a une autre occasion où les gorilles font l'expérience de la mort : lorsqu'un petit du dos argenté est tué par un autre mâle. L'infanticide est une pratique rare au sein de cette société. En général, les victimes sont ce que nous appelons dans notre classification des âges les nourrissons, c'est-à-dire les petits non encore sevrés (âgés, donc, de zéro à quatre ans pour l'espèce de l'Ouest et de zéro à trois ans pour les gorilles de montagne, qui, comme je l'ai déjà souligné, a un développement plus rapide, car elle bénéficie de ressources alimentaires plus régulières) qui dépendent encore de leur mère, bref les individus les plus vulnérables du groupe.

L'infanticide est un mécanisme que l'on retrouve chez de nombreuses autres espèces animales ayant une structure sociale polygyne, avec un mâle à la tête d'un groupe de plusieurs femelles. L'une des espèces où ce mécanisme est le mieux connu est le lion. Une caractéristique essentielle sépare toutefois les mœurs félines et primates. Chez les premiers, l'infanticide vient de l'entourage du lionceau. En revanche, chez les seconds, qu'il s'agisse des gorilles de montagne, où le phénomène est étudié et observé depuis longtemps, ou de ceux de l'Ouest, où nous avons été les premiers, à Dzanga-Sangha, à le documenter, le meurtre est commis systématiquement par un mâle extérieur au groupe.

Nos recherches ont démenti une idée reçue à ce propos. De nombreux primatologues attribuaient l'essentiel des attaques à des mâles solitaires, rôdant à la recherche de femelles pour former leur propre groupe familial. À mon avis, rien n'est plus faux. Je n'étais pas là ce jour-là, mais on m'a raconté en détail que le puissant Mayele avait été vu tenant le corps sans vie d'un gorillon issu d'un autre groupe, qu'il avait tué de ses propres mains. À l'époque, Mayele avait déjà quatre femelles, ce qui me laisse penser que commettre un infanticide relève de l'instinct : si le dos argenté se retrouve dans la situation, il s'y livrera. Ce n'est pas la seule preuve expérimentale que nous détenions. Tous les dos argentés se livrent à l'infanticide, qu'ils soient solitaire ou en groupe.

D'un point de vue évolutif, cette pratique revêt un double bénéfice pour le meurtrier : il réprime la transmission génétique d'un de ses adversaires et rend la mère réceptive à l'accouplement dans un bref délai, celle-ci cessant d'allaiter. Dès lors, le risque de perdre sa descendance est l'un des principaux motifs qui poussent le dos argenté à maintenir continuellement la cohésion du groupe et à réagir agressivement envers un possible danger. Garder un œil sur ses jeunes, c'est pouvoir agir avec rapidité et force, c'est éviter le pire si jamais un prétendant s'apprête à franchir le Rubicon. Mais il y a une autre conséquence fâcheuse qui pourrait se produire, que le chef cherche à éviter à tout prix.

Départs au féminin

Depuis le début de l'habituation des gorilles à Dzanga-Sangha en 1997, mes prédécesseurs et moi pouvons témoigner du même phénomène : à chaque mort d'un petit, quelle que soit la cause, infanticide ou non, les mères quittent le groupe. C'est clairement une attitude instinctive chez elle, je pense. Pourquoi partent-elles ? Probablement ne se sentent-elles pas confiantes dans la capacité du dos argenté à les protéger, puisqu'il n'a pas été capable de sauver leur bébé.

Par exemple, Mopatapata s'est affranchie du groupe de Makumba quelques semaines après la mort de Mapopi, que nous avons découvert inanimé au sol.

Mapopi est le premier bébé d'elle que nous avons connu. Très petit, il ressemblait à une « petite araignée » (son nom en langue locale). Le corps ne présentait aucune blessure apparente. Cause du décès : chute d'un arbre, ont estimé les Bayaka. Un geste maladroit, une maladie qui avait affaibli Mapopi et l'avait rendu moins agile ? Va savoir. Quoi qu'il en soit, le hasard avait été le seul criminel. Même si Makumba n'y était pour rien, Mopatapata, probablement sa première femelle, a décidé qu'il était temps de prendre le large et de rejoindre un autre groupe.

Cette liberté de déplacement dont jouissent les femelles paraît surprenante. Mais appartenir à un groupe ne signifie pas se soumettre à vie au même dos argenté ! En fait, la composition des groupes est labile, et voir ses femelles partir est le lot de tous les mâles : à mesure que le dos argenté vieillit, celles-ci rejoignent un autre groupe. Elles migrent seulement quand une occasion se présente, c'est-à-dire quand leur groupe rencontre un dos argenté solitaire ou accompagné. Mopatapata, elle, a vu une opportunité s'offrir à elle quelque temps après la mort de Mapopi et en a profité.

Ces va-et-vient qui se déroulent sur plusieurs années ne cesseront jamais de m'étonner. Ainsi, chaque individu et chaque groupe a sa propre histoire. Nous sommes encore très loin de comprendre toutes les possibilités de la dynamique sociale des gorilles.

Certains dos argentés terminent ainsi leur vie seuls, tel ce géant de la forêt, Kingo. Il avait été l'un des premiers gorilles de l'Ouest à accepter la présence humaine, en République du Congo. D'apparence bestiale, dans son corps et surtout son visage, Kingo était le dos argenté le plus immense et le plus puissant que j'aie jamais vu, ce qui ne l'a pas empêché d'être délaissé. Cette fluidité sociale constitue une difficulté pour nous, observateurs : lorsqu'un individu quitte un groupe habitué, nous ne sommes plus en mesure de le suivre. Seul le destin peut ensuite nous réunir !

Amour viril

Les femelles ont vraiment une marge de manœuvre dans ces dynamiques. Lorsqu'elles s'assimilent à un groupe déjà constitué, elles peuvent alors fonder une famille avec le mâle dominant ou, sinon, attendre de trouver mieux. Des décennies après avoir perdu leur trace, nous avons retrouvé des vieilles connaissances qui convolaient en justes noces avec un mâle clairement trop jeune pour être le dos argenté d'origine du groupe. Elles avaient patienté et choisi leur pendant. Avec le temps, je me suis rendu compte qu'elles choisissent aussi avec qui le partager. Je ne l'aurais jamais pensé, vu les relations très froides qu'entretiennent les femelles de cette espèce entre elles !

Par exemple, Makumba possédait initialement un grand groupe avec quatre femelles adultes (que vous connaissez toutes maintenant, Mopatapata, Malui, Bombe et la gentille Mopambi). Au fil des années, elles ont perçu que leur dos argenté déclinait et, une par une, à l'occasion d'interactions avec un autre groupe, ont décidé de tenter l'aventure ailleurs. Bombe était l'une d'entre elles. Je dois admettre que ses adieux n'ont attristé aucun d'entre nous. Bombe ne nous avait jamais aimés. Nous étions soulagés de son départ, qui a donné un coup d'accélérateur à l'habituation complète du groupe de Makumba.

Qu'elle soit causée par un infanticide ou non, la fugue possible des femelles semble obséder le dos argenté. Montrer sa force à ces dernières est un élément essentiel de son existence. J'ai été vraiment très impressionnée la première fois que j'ai vu comment le dos argenté les courtise lorsqu'elles sont à nouveau réceptives, c'est-à-dire prêtes à s'accoupler, parce que leur petit précédent est quasi sevré, à l'âge de trois à quatre ans.

Le mâle se comporte en véritable macho. Ce n'est pas un grand romantique, mais plutôt un frimeur, qui multiplie les charges et les démonstrations de force ! La première femelle que j'ai observée dans ce contexte était Mopambi, la plus calme et la plus sereine des femelles de Makumba. Une fine et élégante gorille aux bras longs, toujours soumise et douce avec tout le monde, même avec nous. Elle n'a jamais été agressive, n'a jamais alerté Makumba de notre présence. Mieux, elle s'écartait sur notre passage quand, aveuglés par l'épaisseur de la végétation, nous passions près d'elle involontairement. Elle était subordonnée aux autres femelles, étant la dernière de la hiérarchie féminine, et cette attitude révélait qu'elle se montrait également soumise envers nous.

La voir ainsi être la cible des rodomontades physiques de Makumba était plutôt attendrissant. Parfois, il s'élançait à toute vitesse et la projetait violemment au sol, la plaquant contre la terre pendant plusieurs secondes. D'autres fois, la pauvre Mopambi avait tout juste le temps de goûter la juteuse tige de djele qu'elle venait de dénicher que Makumba s'empressait de venir la lui arracher des mains.

Malentendu dans les zoos

J'ai souvent entendu des personnes travaillant avec des gorilles dans des zoos se plaindre que le dos argenté était trop agressif avec la femelle nouvellement arrivée, la blessant au point qu'il faille les séparer. En fait, c'est juste une question de romantisme et de sécurité ! Le mâle s'acquitte de son devoir de dos argenté : convaincre la femelle de sa puissance. C'est en quelque sorte une manière de lui dire : « Je protégerai ta famille et nos petits. »

À ce jeu, Makumba a su se montrer très convaincant avec Mopambi, qui a donné naissance à l'adorable Bokata neuf mois après leurs ébats (la durée de gestation est la même que chez les humains). Plus tard, Mopambi et Malui sont restées les deux seules femelles fidèles à Makumba. Grâce aux analyses génétiques, nous avons découvert un résultat surprenant qui explique peut-être pourquoi elles sont restées ensemble plus longtemps, vaille que vaille. Ces analyses sont faites via les échantillons fécaux. Comme je donne des primes aux Bayaka lorsqu'ils voient un individu déféquer ou uriner, afin que je puisse prélever l'échantillon biologique frais, ils sont toujours très heureux lorsqu'ils observent un gorille se soulager ! Nous collectons seulement quelques grammes de la partie extérieure des fèces, en veillant à ne pas prendre les graines que les gorilles ont ingérées. En effet, la partie externe renferme des cellules intestinales qui nous procurent l'ADN de l'individu après extraction par la PCR (la même méthode qui a été utilisée pendant l'épidémie de Covid pour amplifier le matériel génétique de votre nez et savoir si vous étiez contaminé par le virus).

Dans la forêt, nous mettons l'échantillon de fèces directement dans un tube en plastique de cinquante millilitres et, une fois rentrés au campement, nous ajoutons de l'éthanol, qui préserve tout le matériel génétique, non seulement celui de l'individu, mais aussi celui de ses parasites (utile pour des études sur la santé des gorilles). Les fèces restent en solution pendant vingt-quatre heures. Le lendemain, le contenu est vidé dans un autre tube contenant des microbilles de silice qui absorbent l'humidité (les mêmes que vous trouvez dans des petits sachets lorsque vous achetez du matériel électronique). À l'issue de ce protocole, pendant lequel nous portons des gants pour éviter toute contamination de l'échantillon, l'ADN peut être conservé des années durant.

Une fois que j'ai pu prélever tous les individus des différents groupes d'étude, nous avons lancé l'analyse génétique afin de déterminer s'il existait un lien de parenté entre femelles au sein d'un même groupe. Des études précédentes (réalisées sur des groupes non habitués de gorilles de l'Ouest) prétendaient qu'elles étaient apparentées, mais je n'y avais jamais cru. D'abord, parce que les femelles ne s'aiment pas vraiment, même lorsqu'elles partagent des parents identiques (comme Malui et Mopambi). Et parce que ce type de travaux souffre de nombreux biais, car il est mené sur des gorilles non habitués.

Mais je me trompais en ce concerne Malui et Mopambi : elles étaient sœurs. C'était si difficile à croire que j'ai demandé plusieurs fois à ma collègue experte en analyse génétique s'il avait pu y avoir un problème de contamination ou autre. Elles se ressemblaient si peu, aussi bien physiquement que sur le plan du caractère. Malui s'est toujours montrée très agressive envers Mopambi, qui a su conserver un flegme absolu face à ces coups de sang. Elle était très gentille avec tout le monde. Leur fidélité commune à Makumba s'expliquait-elle par leur sororité ? Sûrement, même si Mopambi avait quitté leur groupe natal bien avant Malui. Ayant grandi ensemble, elles se sont souvenues l'une de l'autre lorsqu'elles ont été à nouveau réunies auprès du même dos argenté. Cette circonstance était-elle le fruit du hasard ? Je ne pense pas. Le temps m'a montré qu'une sorte d'« amitié » peut naître entre femelles et qu'elles tiennent plus que nous le pensons aux liens de parenté qui les unissent aux autres femelles du groupe. À mon avis, elles choisissent le groupe d'adoption pas seulement en fonction du dos argenté, comme on l'a longtemps pensé, mais aussi et « surtout » selon leurs compagnes de vie quotidienne, comme de plus en plus j'en suis persuadée.

Cela ne signifie pas pour autant que les conclusions de l'article sur les gorilles non habitués étaient justes. Sur vingt relations génétiques entre femelles de groupes que nous avons analysées, nous n'avons trouvé que deux paires de femelles, dans deux groupes différents, suffisamment proches génétiquement pour être considérées comme sœurs. Cela reste donc un phénomène rare. L'idée que je m'en fais aujourd'hui, c'est que, compte tenu des relations de rivalité et de compétition entre les femelles gorilles de l'Ouest, les femelles adultes, si elles en ont le loisir, migrent de groupe en groupe jusqu'à repérer un environnement féminin le moins hostile possible. Tant mieux si elles y retrouvent des sœurs, demi-sœurs (même père mais mère différente), voire de vieilles connaissances avec lesquelles les relations de dominance et d'interaction ainsi que les codes de comportement sont déjà connus, et donc plus simples à gérer, surtout pour des caractères dominants typiques de certaines d'entre elles.

Post-partum

En résumé, les femelles décident en toute liberté de rejoindre un groupe doté d'un dos argenté plus performant : en fonction de leur statut dans le groupe, de la présence ou non d'un petit dépendant à leurs côtés, du nombre d'autres femelles présentes dans le groupe, de la situation courante (par exemple, la perte d'un nourrisson) et de l'âge du dos argenté, elles savent évaluer s'il est temps pour elles de quitter le groupe et d'en rejoindre un nouveau. Tout se passe comme si elles établissaient un bilan coûts et bénéfices. Mais elles font bien plus que cela : elles manœuvrent en coulisses pour protéger leurs petits de l'infanticide !

Cette idée iconoclaste est née d'un constat, au départ sans lien avec les attaques de mâles externes. Je me suis rendu compte que, selon les années, la même femelle pouvait se maintenir en permanence à proximité du dos argenté ou, au contraire, s'en éloigner systématiquement à d'autres moments. Qu'est-ce qui poussait les femelles à jouer au yoyo comme cela avec le mâle dominant ?

J'avais observé ce petit jeu la première fois avec Malui, après la naissance de son bébé Tembo. Au début, j'ai songé qu'elle collait continuellement Makumba parce que son statut de femelle dominante lui donnait accès à une nourriture de qualité sur laquelle le dos argenté avait la priorité (par exemple, les fruits de la taille d'un ballon de basket, vous vous souvenez ?). Puis, lors du sevrage, j'ai remarqué qu'elle avait hâte de confier sa surveillance au seul mâle, pour partir seule à la recherche d'un bon repas.

Pourquoi Malui s'éloignait-elle ? Ce versant du mystère s'est ensuite éclairci. Pendant pratiquement dix mois, les femelles des gorilles de l'Ouest portent chaque jour leurs petits. Au terme de cette période, Malui était manifestement très fatiguée et s'impatientait de déposer enfin son fardeau. Oui, c'est comme ça : les mères humaines ne sont pas les seules à aspirer à un peu d'indépendance après s'être dévouées pleinement à leur nouveau-né.

Quand Malui partait, son bébé tentait bien de s'agripper à ses poils, mais, avec son tempérament rugueux habituel, la mère refusait parfois de le prendre sur son épaule, très courroucée, poussant même de petits aboiements agressifs à l'encontre de son minuscule nourrisson. Elle a d'ailleurs reproduit ce comportement pour toute sa progéniture. Après un an, les petits commencent à se déplacer de façon plus autonome sur le sol, demeurant toujours près de leur mère. C'est à cet âge qu'ils se mettent à goûter les plantes que leur mère ou leur père sont en train de manger, en ramassant les restes à terre. Cela fait partie de leur apprentissage pour acquérir le régime alimentaire de l'adulte.

D'accord, Malui s'éloignait pour gagner en tranquillité, mais le mystère demeurait entier : puisqu'elle ne dépendait pas de Makumba pour son alimentation, pourquoi était-elle restée si longtemps comme scellée à lui, avec ses enfants en bas âge ? C'est alors que l'idée m'est venue : et si les femelles se servaient du dos argenté pour contrer le risque d'infanticide venant des mâles externes ? Faisait-elle endosser à Makumba un rôle de garde du corps ?

Gorillon-sitter

Au fil des années, j'ai testé sur les gorilles de Dzanga-Sangha si cette hypothèse de contre-stratégie des femelles se vérifiait et dépassait le stade de l'anecdote. J'ai analysé de façon systématique, avec l'aide des autres chercheurs, la distance entre individus dans l'ensemble des groupes habitués que j'avais étudiés. Bilan ?

Supposition largement validée. En fait, les femelles adultes demeurent toujours dans le giron du dos argenté, à moins de cinq mètres de lui, si elles sont mères d'un petit dépendant entièrement d'elles, c'est-à-dire d'un jeune nourrisson (entre zéro et deux ans). À l'ombre du colosse, elles n'ont rien à craindre pour ce dernier, ou presque…

En revanche, les mères avec un jeune plus autonome sur le plan alimentaire (de deux à quatre ans), moins fréquemment victimes d'infanticide (justement parce qu'ils sont moins dépendants du lait de leur mère), flanquent moins souvent le dos argenté. Et quand les petits sont sevrés, les mères s'éloignent encore plus de lui. Elles gravitent même loin du centre du groupe, comme aucune autre femelle.

En résumé, les femelles mettent bien en œuvre une stratégie comportementale pour prévenir le risque d'infanticide en restant proches du dos argenté. Même si c'est bien lui qui assure le service de sécurité, ce sont les mères qui décident de rester à ses côtés, de s'en servir comme garde du corps. Les deux seuls cas d'infanticides que nous avons repérés en une vingtaine d'années d'observation sur quatre groupes sont la preuve de l'efficacité de ce choix, à mon sens (dans un de ces cas, et dans certaines disparitions de bébés dans le groupe, les décès se sont produits quand malheureusement le dos argenté n'était plus là).

Par ailleurs, nous avons également montré que le cas de Malui n'était pas unique : les autres mères aussi, lorsqu'elles perçoivent que leurs jeunes, vers dix mois, gagnent un peu plus d'indépendance motrice, en profitent pour s'éloigner du dos argenté. Elles aussi s'autorisent un moment en solitaire pour respirer ! Et les enfants, qui prend le relais de leur garde ? Leur père ! Les petits restent dans les pieds du dos argenté. Avec notre analyse, nous avons pu aussi montrer que celui-ci partage ainsi la gestion des plus jeunes, une autre facette du rôle de grand protecteur de la famille.

L'idée de tester cette hypothèse du « dos argenté baby-sitter » nous était justement venue parce qu'il n'est pas rare de voir le mâle se promener dans la forêt entouré d'un nuage noir – une flopée de jeunes qui courent et jouent sans cesse autour du puissant papa. Un macho protecteur, finalement très tendre et tolérant avec ses enfants. Et un cas isolé chez les grands singes, précisément parce que les chimpanzés et les orangs-outans ont adopté des structures sociales complètement différentes ; chez les premiers, les mères ne savent même pas avec certitude qui est le père de leur enfant ; et c'est réciproque pour le père, en raison de la promiscuité lors des accouplements (bien que le mâle alpha soit censé être le père de la majorité de la progéniture d'une communauté donnée).

Si on élargit à tous les primates, les ouistitis mâles sont des pères encore plus tendres. Chez cette espèce, il y a presque égalité des sexes lorsqu'il s'agit de savoir qui s'occupe des bébés ! Le père prend soin d'eux autant que la mère et les autres membres du groupe, les portant même sur son dos. Mais est-ce une coïncidence s'il y a aussi des infanticides chez eux ?

9

Combats de titans

Quand je me penche aujourd'hui sur le volet le plus sombre et le plus douloureux de mes recherches, je me dis que tout a commencé ce jour-là. J'étais heureuse pourtant, à dix mille mètres au-dessus de la forêt tropicale, j'allais revoir les gorilles. J'avais vingt-sept ans et je survolais l'immense couverture verte et moutonneuse. Mon avion avait décollé le matin même de Rome. Après un premier séjour ensorcelant en RCA et un retour forcé dans mon pays natal pendant deux ans pour boucler mes études, j'avais décroché un nouveau ticket pour l'Afrique : une bourse de doctorat pour étudier le comportement alimentaire des gorilles. J'étais de retour, et pour un an et demi cette fois-ci !

Surtout, j'allais revoir Mlima, cette force de la nature dont je m'étais entichée. Tandis que l'avion me conduisait vers Bangui, des bribes de souvenirs avec lui remontaient à la surface, notamment un oubli qui avait failli me coûter cher. Nous observions le groupe de Mlima, qui mangeait des feuilles d'arbustes sur le bord de la route traversant la forêt, une piste au sol sablonneux et rougeâtre, seulement praticable en 4 × 4. Soudain, je m'étais rendu compte qu'il me manquait ma boussole. Quelle idiote ! À l'époque, les GPS portables n'étaient pas suffisamment performants pour effectuer le point sous l'épais couvert des arbres. J'avais le choix : soit je me débrouillais sans cet outil, indispensable pour marquer le trajet quotidien des gorilles sur la carte, soit je faisais un rapide aller et retour au camp seule, laissant les pisteurs documenter les déplacements des gorilles. Dix petites minutes de marche le long de la piste. Que pouvait-il bien m'arriver ?

J'ai rejoint le campement à la hâte, ai attrapé l'objet dans ma case, et j'étais sur le chemin du retour quand un bruit a mis mes sens en alerte. Je me trouvais encore loin de mes compères bayaka, et ce n'étaient certainement pas eux qui produisaient ce bruissement dans la végétation… De plus, je n'entendais aucun claquement de langue de mon équipe. Je n'étais qu'à cinq mètres de sa source. Si c'était un gorille, je devais rester immobile. Un éléphant, et je devais prendre mes jambes à mon cou. Je suis restée statufiée jusqu'à apercevoir un colosse à la fourrure noire émerger du feuillage. Un grand et beau dos argenté, qui se mouvait tranquillement avec grâce : Mlima. L'adrénaline et le stress montaient en moi. *Oh, mon Dieu, je ne devrais pas être là, l'équipe doit être unie, c'est une question de sécurité !* À l'époque, les gorilles n'étaient pas encore totalement habitués à nous ; isolée, j'étais vulnérable, à la merci d'une charge. Mais plus les secondes passaient, plus je réalisais que Mlima ne manifestait aucune agressivité. Il m'a fixée un moment, puis s'est remis à manger calmement. Incroyable ! Je me trouvais pour la première fois seule avec un magnifique dos argenté qui témoignait une totale absence de peur. J'étais un élément de son environnement. Il m'acceptait, quel honneur !

Dans le vol qui me ramenait en RCA, je pensais à cette scène qui, d'une certaine manière, nous avait tous les deux liés. D'un tempérament bonhomme, Mlima présentait une magnifique livrée de dos argenté qui descendait le long des jambes et s'achevait en taches blanches aux talons. Son regard était extrêmement doux, en parfaite harmonie avec sa tête au pelage rouge-orange intense. Bref, je mourais d'impatience de le revoir. Mais le destin est aveugle et se moque de vos espérances.

La forêt pleure

Dès mon arrivée à Bangui, la capitale, j'ai reçu un triste appel à la radio du bureau du WWF. Au bout du fil, une Chloé désespérée m'a appris qu'elle venait de trouver Mlima dans son nid, mortellement blessé, le matin même. J'étais bouleversée, je peinais à y croire. Quelle tragédie ! J'étais effondrée de ne plus jamais revoir cet « ami » auquel je m'étais vraiment beaucoup attachée, mais, plus prosaïquement, sa mort signait la fin de l'habituation du groupe, l'un des deux premiers (avec le groupe de Kingo, en République du Congo) à avoir été habitués dans l'histoire croisée de l'humanité et de ces animaux avec qui nous partageons notre planète.

En effet, la disparition du dos argenté signifie automatiquement la dispersion du groupe. Les individus doivent rapidement trouver un autre mâle pour bénéficier de sa protection. Souvent, ils ne rejoignent pas tous le même groupe, chacun tentant sa chance de son côté. Pour nous, c'est une douloureuse régression, car nous perdons les traces de ces individus migrant dans des groupes non habitués, qui ont peur de nous, ce qui complique leur localisation et leur observation.

Mlima avait connu une fin brutale : il avait livré un combat féroce contre un autre animal, un léopard ou un dos argenté extérieur au groupe ; son adversaire lui avait infligé de graves blessures dont il ne s'était pas remis. L'équipe, en arrivant au nid où il avait passé la nuit après son combat, a vu un congénère s'échapper vite. Un mois plus tard, on a brièvement aperçu le fils de Mlima, Ndimbelimbe, avant qu'il ne disparaisse pour toujours. Blessé, il semblait avoir un bras et un doigt cassés. J'étais très heureuse de revoir au moins Ndimbelimbe, mais il me faisait beaucoup de peine. Le jeune mâle avait probablement épaulé Mlima dans son combat, qui avait été fatal, *cette fois*. Car, oui, il y avait eu un précédent.

Querelles sanglantes

Un jour, avant mon premier séjour en Afrique, Mlima avait été découvert blessé. Les individus du groupe, eux, étaient dispersés dans la forêt environnante. Les Bayaka avaient tenté de comprendre ce qui s'était passé en observant attentivement les traces sur le sol et sur les arbres. Du sang avait éclaboussé la végétation, qui était pliée et cassée en de nombreux endroits : les signes clairs d'une attaque. Mais par qui ? Des empreintes de félin ayant été identifiées à proximité, on blâma à l'époque un léopard. Avec le temps, Mlima avait fini par se rétablir, mais son état diminué lui avait coûté son statut de reproducteur. Face à un dos argenté frêle, faible et blessé, la plupart des femelles et leurs jeunes l'avaient abandonné, pour rejoindre d'autres groupes, vraisemblablement.

La seule femelle restée fidèle à Mlima était la terrible Matata (dont le nom n'est pas un hasard, il signifie « problème »). Pourquoi *elle* ? Parce qu'elle avait plus à perdre que les autres membres du groupe. Elle élevait alors un gorillon qui dépendait totalement d'elle. Elle savait que, si elle rejoignait un autre groupe, le nouveau dos argenté tuerait son petit. Ainsi, elle n'avait pas d'autre choix que de demeurer avec son mâle et, dans l'attente qu'il se rétablisse de ses blessures, de protéger elle-même son enfant, un gorille magnifique qui souffrait un peu de sa solitude. Ndimbelimbe jouait seul dans les arbres, nous regardait, désespéré de trouver de la compagnie, semblait-il.

Normalement, pendant le repos quotidien des adultes, les jeunes, des bébés aux mâles à dos noir, jouent ensemble, font la course et se livrent de petites batailles qui provoquent souvent des rires bruyants chez les moins âgés. Ce sont des moments magiques, où je vois les yeux de certains Bayaka s'allumer, captivés par ces petites boules de poils noirs qui se roulent et s'amusent dans la végétation dense et silencieuse. Ndimbelimbe était privé de cette effervescence. Si sa mère ne nous a jamais aimés, lui nous adorait – nous étions sa distraction pour la journée, en l'absence de frères avec qui jouer.

Quand Nimbelimbe avait grandi, Matata avait quitté Mlima. Ce dernier avait cherché pendant des mois à capter une femelle d'un autre groupe. C'est dans cet objectif qu'il s'était rendu loin au nord, dans des endroits où il n'était jamais allé auparavant, à notre connaissance. Au cours de ses déplacements, il émettait souvent des hootings, les vocalisations à longue distance, qui servaient probablement à attirer l'attention des femelles d'autres groupes (mais sûrement aussi de leurs mâles). Finalement, après de nombreuses recherches, Chloé m'avait informée que Mlima avait trouvé une petite femelle adolescente, qui semblait être aveugle d'un œil. L'idylle avait été de courte durée.

Quelques semaines après, il avait été attaqué à mort par un dos argenté qui convoitait sans doute la belle. Alors qu'il prenait de l'âge (nous pensons qu'il avait environ quarante ans, vu la taille importante de son groupe au début de son habituation), il savait que c'était sa dernière chance d'avoir une femelle. Il l'avait tant cherchée, avec tant d'efforts. Je pense qu'il a jeté toutes ses forces dans la bataille. Il s'est battu jusqu'à son dernier souffle pour garder sa jeune dulcinée. C'est ainsi que Mlima est parti... Un moment vraiment pénible pour moi.

Deuil et questionnements

Après mon escale à Bangui, il m'a fallu encore quelques jours de voyage pour gagner Bai Hokou. Le chagrin affectait toujours Chloé. Elle partageait ma double amertume. Au-delà du sentiment de perte, des années de travail pour habituer le groupe de Mlima venaient de s'envoler d'un coup. Pour ma part, j'étais là pour un an et demi. Qu'allais-je faire ? La seule possibilité était de travailler avec le nouveau groupe en cours d'habituation. C'est comme ça que j'ai commencé à me faire charger par Makumba, Bombe et Malui…

Cet épisode tragique m'a ouvert les yeux. Les combats entre mâles étaient beaucoup plus intenses qu'on ne l'imaginait, et cette découverte a commencé à m'intriguer. À de nombreuses reprises, j'avais vu des groupes de gorilles interagir avec d'autres ou des mâles solitaires. Et même s'il arrive à ces animaux d'exploser de colère durant ces rencontres, cette débauche d'hormones va rarement jusqu'au contact physique.

Les dos argentés font preuve de la même retenue quand ils nous prennent pour cible. Si nous restons stoïques, leur fureur se traduit habituellement par d'inoffensives démonstrations de force. Mais visiblement, au-delà de ces réactions dont nous pouvions témoigner, quelque chose nous échappait. Je voulais connaître la réalité derrière le décès de Mlima. Quels antagonismes entre mâles se cachaient derrière l'affrontement sanglant et brutal dont il avait été l'un des acteurs ? Pourquoi l'un de mes gorilles préférés était-il mort, tout simplement ?

Histoire d'odeurs

Il n'est pas facile de répondre à ces questions, notamment parce que, dans la jungle les rencontres entre groupes ne sont pas réglées comme du papier à musique. Souvent, ce qui s'y joue n'est pas clair. Par exemple, si le dos argenté du groupe que nous suivons commence à émettre des hootings forts et puissants, bientôt accompagnés de battements de poitrine forts et impressionnants, nous comprenons alors clairement que nous sommes au milieu d'un contact entre deux groupes, ou unités comme nous les appelons scientifiquement (pour inclure la possibilité d'un unique mâle solitaire en regard). Cette interaction à longue distance peut aussi durer une heure ou plus, sans que nous puissions voir l'adversaire (certainement intimidé par notre présence). Le dos argenté prolonge ses menaces, puis s'arrête au bout d'un moment, et nous supposons alors que l'adversaire n'a pas jugé bon de s'approcher davantage.

Pendant ces rencontres, une odeur âcre imprègne les lieux, une note musquée que les dos argentés émettent dans des situations de stress. Elle flotte longtemps dans l'air et est si forte que les Bayaka commencent à gémir et à grogner pour la faire sortir de leur nez. Moi, au contraire, j'inspire à pleins poumons, tant c'est un doux parfum pour moi. Elle souligne la puissance des dos argentés. Vous l'avez certainement sentie en allant voir des gorilles dans un zoo. Ce n'est pas une coïncidence si elle baigne l'atmosphère autour des enclos : l'enfermement cause certainement chez les animaux un niveau de stress basal élevé, par rapport aux conditions de vie des gorilles sauvages.

Curieusement, les mâles, une fois habitués, ne nous gratifient pas de cet avertissement chimique quand nous nous approchons d'eux et les dérangeons lors de leur repas. J'ai toujours trouvé cela étonnant. À l'inverse, à certains moments de l'habituation, par exemple pendant une charge ou dans une situation où le dos argenté est également particulièrement sollicité, nous sentons son odeur qui nous précède. Une chose m'a toujours sidérée : la capacité des Bayaka à l'analyser. Quand nous pistons un groupe, par exemple celui de Makumba, il arrive qu'ils secouent la tête en disant dans leur langue : « *Maso mai Makumba tambi !* » « Ce n'est pas l'odeur de Makumba ! »

Je me suis vite rendu compte qu'en effet, chaque gorille a sa propre identité olfactive, tout comme chacun d'entre nous possède une odeur de peau différente. C'est Ngbanda qui me l'a fait remarquer pour la première fois. Son œil infaillible repère toujours l'individu que nous suivons, même lorsqu'il se trouve dans l'ebuka, la végétation secondaire de la forêt dense. C'est un Bayaka séduisant, trapu et musclé. Courageux et brillant, il nourrit une vraie passion pour l'observation de ces primates. Il se pose des questions sur leur comportement et les étudie : c'est vraiment un chercheur manqué ! Il m'avertit toujours dès qu'il voit quelque chose d'intéressant chez des individus que je n'étais pas en train d'observer à ce moment-là.

Ainsi, selon Ngbanda, on pouvait pister Malui, au départ très insaisissable, en suivant simplement la trace du « parfum » qu'elle avait laissé derrière elle, comme il le dit en plaisantant ! Grâce à lui, j'ai réalisé que l'odeur de Malui sortait du lot par rapport à celle des autres individus. Il avait vraiment raison ! Son parfum ressemble davantage à celui des jeunes, qui se distinguent aussi par leur fragrance particulière. Nous avons appris à le reconnaître, et cela nous a fourni un moyen déterminant pour l'identifier partout. Nous savions sans nous tromper qu'elle était passée à tel endroit, car elle avait laissé sa trace odorante. Cette découverte avait été la clé de la réussite de l'habituation complète de Malui.

Scènes de catch

Puisque nous pouvions reconnaître un individu à l'odorat, je me suis dit que les gorilles devaient aussi en être capables. La signature olfactive tenait certainement un rôle majeur lors des rencontres compétitives entre dos argentés. Je pensais de leur point de vue :

« Mon nez peut me dire qui est mon ennemi ! » En fait, d'après mes constatations, l'effluve se propage même à des centaines de mètres et doit donc signaler aux autres la présence d'un adversaire rôdant à proximité, tout en leur livrant sa fiche d'identité.

L'individu a-t-il déjà été affronté et battu ? Est-il connu par le groupe comme très dangereux ? Sans doute le dos argenté se sert-il de sa mémoire olfactive pour décider s'il doit se battre (l'adversaire est jugé faible), s'approcher en gardant son calme (l'adversaire est issu de sa famille, tel un fils devenu dos argenté ; il n'a alors rien à craindre, car un gorille ne tue pas les nourrissons d'un proche dont il partage le patrimoine génétique), ou s'il vaut mieux abdiquer devant la puissance et l'agressivité de l'autre mâle et s'enfuir.

L'odeur n'est pas l'unique indice grâce auquel les dos argentés jaugent leurs adversaires. De loin, les Bayaka savent parfois reconnaître un dos argenté au son qu'il produit, grâce à ses vocalises ou à ses battements de poitrine. Il était donc probable que les gorilles puissent également identifier un compétiteur de la même manière. De fait, avec des collaborateurs, nous avons étudié l'acoustique des vocalisations à longue distance des grands singes, comme le hooting, et nous avons démontré que le timbre de la voix singularise un individu pendant ses vocalises chez les gorilles de l'Ouest sauvages.

Quand le dos argenté se décide à se mesurer à l'impudent qui ose s'aventurer près des siens, quel scénario suit la rencontre ? Étrangement, nous avons parfois observé ces scènes : notre présence à proximité du dos argenté habitué ne décourageait pas toujours l'adversaire de s'approcher (sans doute se dit-il : « Ces visiteurs sont là pour un moment, alors autant y aller ! »). Dans l'extrême majorité des cas, les deux dos argentés se font face à quelques mètres l'un de l'autre. Ensuite, ils mènent des charges directes et latérales, se frappent la poitrine, émettent des hootings, cassent la végétation et jettent des branches en direction de l'adversaire… Ils cherchent à l'effrayer en l'impressionnant, si possible avec le maximum de bruit et de désordre. Les lianes sont parfaites pour ça : ils tirent dessus en courant, de sorte qu'elles emportent avec elles tout le reste de la végétation et créent un terrible chaos.

Mais alors, si la plupart des combats ne sont qu'une façade (exactement comme les charges sur nous quand nous restons immobiles), comment Mlima a-t-il pu être tué par un autre dos argenté ? A-t-il succombé aux griffes d'un léopard ? Ou bien a-t-il joué de malchance en tombant nez à nez avec un autre dos argenté qui passait à proximité par hasard ? Je n'ai jamais eu la réponse, mais l'explication d'une attaque de léopard ne m'a jamais convaincue. L'avenir me conduira à mieux comprendre la vérité derrière cette mort et, malheureusement, celle d'autres chers dos argentés.

Autres disparitions

Le programme d'habituation des primates de Dzanga-Sangha a été victime de deux autres pertes majeures, récemment. En août et octobre 2022, alors que j'étais à mon bureau à Paris, des nouvelles me sont arrivées, aussi inattendues que tragiques, qui m'ont transpercé le cœur. Je ne m'étais pas encore remise de l'une que l'autre survint immédiatement après, comme une douche encore plus glacée.

Le premier à nous quitter était Mata, le mâle dos argenté du dernier groupe habitué. Il avait été retrouvé mort, au pied d'un arbre. Son corps ne présentait aucune plaie, mais un examen rapide avait révélé des fractures aux membres. Cette disparition m'a laissée interrogative, là aussi, sur les causes du décès. Selon les Bayaka, il était tombé d'une branche. Même s'il arrive que la ramure ou de petits arbres se brisent sous le poids d'un gorille, je ne peux pas croire qu'il ait commis une erreur aussi bête, de débutant. Je pense plutôt qu'il était peut-être affaibli par une maladie depuis un moment déjà, et que son état a fini par obérer ses talents de funambule.

Qu'est-ce qui me fait penser cela ? Quatre mois plus tôt, il avait perdu sa femelle la plus âgée, puis une autre de ses quatre femelles. Comme je l'ai déjà précisé, si les femelles commencent à partir, c'est que quelque chose ne tourne pas rond. Or Mata était jeune, donc on ne peut incriminer un affaiblissement lié à la vieillesse. La maladie est l'hypothèse restante, à mon sens la plus plausible. Les deux femelles avaient probablement remarqué sa perte de forme.

Avait-il pu les contaminer ? Cette possibilité m'inquiétait, car une maladie d'un groupe à un autre avait le potentiel d'impacter toute la population de la forêt, tout comme Ebola avait décimé la population de gorilles de l'Ouest en 2002 dans certaines zones de la République du Congo, en y tuant 90 % des individus. De fait, les projections qui avaient été faites après cette épidémie prévoyaient son avancée possible jusque dans notre région. C'est pourquoi la présence de maladies comme Ebola nous oblige à regarder les morts d'animaux dans la forêt avec un esprit critique (et à être vigilants, en veillant à ne pas les approcher à moins de cinq mètres sans combinaison, pour nous protéger des virus qui infestent la forêt tropicale).

Ce que vous prenez pour acquis peut être renversé en un instant par l'observation d'un seul individu. Mata était un beau dos argenté, de grande taille, élancé et doux, d'apparence moins bestiale qu'un gorille comme Mayele. Il paraissait surgir d'un dessin animé de Disney. Certes, il lui était arrivé de nous charger, mais toujours de loin et sans trop nous inquiéter. Son habituation avait été plus rapide que pour n'importe quel autre groupe. Mais c'est surtout le dos argenté qui a changé mon regard sur ce que signifie être un père gorille. Comparé à tous les autres que j'ai étudiés, il s'était révélé être le géniteur masculin le plus attentionné, me prouvant une fois de plus que chaque individu est unique.

La chose la plus fantastique qu'il ait faite a été le geste qu'il a eu envers la petite Payo, âgée de quelques mois seulement, lorsque nous avons dû anesthésier sa mère pour la délivrer d'un piège métallique de braconniers qui s'était refermé sur son poignet. Une fois que Wusa est tombée au sol, endormie, laissant Payo par terre en train de pleurer de peur, le grand et doux Mata s'est approché pour la récupérer et l'a hissée sur son dos pour la mettre en sécurité, à la façon des mères. Quand on m'a raconté cette scène dont je n'avais pas été témoin moi-même, le récit me semblait irréel. Je n'avais jamais vu un dos argenté avoir un contact physique avec un de ses petits.

Certes, les mâles des gorilles de montagne peuvent parfois avoir leurs bébés sur le dos pendant qu'ils se reposent. Mais il n'y avait aucune observation de ce genre chez les gorilles de l'Ouest en RCA, les bébés ne s'approchant jamais du dos argenté pendant la sieste. Là, Mata avait témoigné d'une tendresse que je n'aurais jamais imaginée possible chez ces machos-ci ! Avec le recul, en rassemblant les données de trois sites où les gorilles de l'Ouest sont suivis, nous avons compris qu'il y a une part de culture dans ce comportement ; quand j'ai étudié pendant quelques mois le groupe de Kingo, à quelques dizaines de kilomètres de Dzanga-Sangha en République du Congo, j'ai été surprise de voir ce mâle entouré de ses petits, collés physiquement à lui pendant le repos.

Troisième décès

Moins d'un mois plus tard, une dizaine de jours avant mon départ de Paris pour la RCA, on m'informa que le grand et puissant Mayele avait été retrouvé dans la jungle en mauvais état, arborant de graves blessures. Mayele est le plus grand gorille de l'Ouest que j'ai jamais vu (au coude à coude avec Kingo). Son visage bestial trahissait en fait un être très calme et politique. Ce géant de la forêt était toujours en vie, mais très affaibli. Si diminué en fait qu'il décéda le lendemain même. Mais que se passait-il, à la fin ? La jungle semblait ensorcelée, avec toutes ces morts subites !

À mon arrivée au campement, les Bayaka me répétèrent la même sempiternelle explication : attaque de léopard. Mais comment un léopard avait-il pu envoyer *ad patres* ce titan qu'était Mayele ? Encore une fois, cette histoire ne collait pas. J'étais convaincue qu'il y avait anguille sous roche, comme avec Mlima. Je me suis alors fait envoyer toutes les photos des blessures de Mayele, que nous avons analysées en détail avec un de mes étudiants. Nous avons également étudié tous les autres clichés de blessures graves et de gorilles morts que nous avions enregistrés depuis vingt-six ans aujourd'hui : les attaques subies par Mlima, les morts de Mata et Mayele, et la grave blessure de Mabor du groupe de Makumba, aussi victime selon les Bayaka d'une attaque de léopard. Pour Mabor aussi, je penchais pour des morsures de gorille. Je voulais creuser davantage et savoir si des combats entre mâles dos argentés pouvaient se cacher derrière ces disparitions énigmatiques.

Des joutes mortelles avaient déjà été décrites chez des gorilles de montagne, mais elles étaient rares. Ces affrontements ne s'étaient intensifiés que récemment, à mesure que la population avait augmenté, passant de quatre cent cinquante individus à mille ces dernières années grâce aux efforts de conservation entamés par Dian Fossey et amplifiés depuis. En fait, aujourd'hui, la population de gorilles de montagne est la seule population de grands singes qui ne diminue pas, mais augmente au contraire. À l'inverse, la surface de forêt de montagne reste limitée, tout comme l'espace vital des gorilles. Aussi l'augmentation de la fréquence de ces combats mortels pouvait-elle être considérée comme une sonnette d'alarme : l'espace forestier diminuait trop par rapport à la taille de la population. Qu'en était-il des gorilles de l'Ouest ? Se battaient-ils eux aussi jusqu'au sang, comme mon intuition me le soufflait ?

Preuves à l'appui

En plongeant dans la littérature scientifique, on aurait pu penser que les Bayaka avaient raison : l'une des causes de mortalité les plus citées des gorilles de l'Ouest est l'attaque de léopard, en plus des braconniers, responsables de la majorité des disparitions. Aucun article ne mentionnait de combats entre mâles. Mais, en lisant dans le détail ces publications, on se rend immédiatement compte qu'en réalité, il s'agit de suppositions, personne n'ayant jamais vraiment assisté *de visu* à un combat entre un léopard et un gorille. Des attaques de léopards sur des chimpanzés, oui, mais pas sur des gorilles. Par ailleurs, un chimpanzé mâle a la taille d'une femelle gorille de l'Ouest, pas d'un dos argenté ! Pour un léopard, cibler un chimpanzé a déjà plus de sens que de se lancer dans un combat contre un dos argenté de cent quatre-vingts kilos.

Pour vérifier mon intuition, à savoir que les léopards n'étaient pour rien dans ces attaques, j'ai envoyé des photos des blessures des gorilles à deux collègues experts en félins de la forêt africaine. Tous les deux m'ont retourné le même diagnostic catégorique : ce que montraient les clichés n'était pas le fait de léopards.

Nous avons ensuite comparé les blessures relevées sur les gorilles de l'Ouest avec ce que l'on pouvait trouver dans la littérature et sur Internet. Nous n'avons déniché aucune photo de blessure infligée par un léopard à un grand singe, quelle que soit l'espèce. Il existait bien des images du résultat d'attaques de léopard, mais sur des humains, sur des singes à queue et sur des antilopes. Nous disposions aussi, grâce à Internet, de relevés de blessures sur des gorilles de montagne attribuées à d'autres gorilles. En définitive, nous avions suffisamment de matériau pour effectuer notre recherche de similarités.

Il s'avère qu'un léopard blesse ses victimes dans des parties spécifiques du corps : la tête, mais surtout le cou et la poitrine. Il cherche à les mettre à terre en les balafrant de multiples coups de griffes répartis sur ces zones, probablement parce qu'il attaque pour tuer et qu'il immobilise ses proies avec ses pattes. Les gorilles n'infligent pas le même type de plaies et ne ciblent pas les mêmes endroits.

En général, leurs attaques laissent plusieurs blessures isolées, mais présentes sur tout le corps, de la tête à la face et au dos, et sur les membres. La crête, symbole de la reproduction sexuelle chez les gorilles, est une cible favorite des agressions. Par ailleurs, on observe sur leurs victimes des plaies circulaires spécifiques, probablement imputables à des morsures.

Après l'analyse de différents paramètres (forme des blessures, parties du corps ciblées, nombre de blessures dans certaines zones, etc.), nous avons pu affirmer avec certitude que les léopards n'étaient pour rien dans les dommages subis par Mlima, Mayele et Mabor. En revanche, elles ressemblaient diablement à celles provoquées par les gorilles de montagne. Ainsi, il ne faisait aucun doute que la littérature scientifique comme les Bayaka eux-mêmes se trompaient : les gorilles de l'Ouest retrouvés morts avaient perdu la vie au cours de rixes meurtrières avec des congénères.

Ce type d'événement est très rare. Seuls deux cas, tout au plus trois (si l'on compte aussi la première attaque de Mlima, qui a très bien pu être le fait d'un congénère au lieu d'un léopard) ont été relevés en vingt-six ans de suivi de quatre groupes. Les combats semblent se produire plutôt la nuit, c'est pourquoi ils sont si difficiles à observer.

Notre simple présence protégeait peut-être indirectement les gorilles la journée. Mais les faits sont rares, à tel point qu'il est difficile de tirer des conclusions sur la question de savoir si cela peut ou non les influencer. Quant au léopard, certes ce prédateur nocturne demeure susceptible de se mesurer aux gorilles, mais probablement prend-il seulement pour cible des individus perdus, isolés du reste du groupe.

Effet contre-intuitif

Au cours de notre étude, nous nous sommes demandé si la présence de plusieurs fils du dos argenté, quasi adultes, dans un groupe avait une quelconque influence sur les agressions. Mon hypothèse de départ était qu'ils pouvaient venir en aide à leur père dans ces affrontements et offraient peut-être aussi une protection vis-à-vis des infanticides. En réalité, en nous fondant sur les rares cas que nous avons enregistrés, nous avons constaté que l'existence de jeunes mâles (le groupe de Mayele en comportait plusieurs, un quasi-dos argenté et deux plus jeunes dos noirs) ne suffisait pas à supprimer le risque de pugilat.

Pire, un effet inverse et pervers semble se produire. De façon tout à fait paradoxale, l'existence de jeunes mâles dans le groupe paraît accroître la fréquence des interactions violentes avec des dos argentés extérieurs. Ma conviction est que, lorsqu'un dos argenté bénéficie de cette présence de jeunes susceptibles de l'épauler, il peut être plus enclin à s'engager dans une joute à mort. Peut-être se sent-il plus fort et davantage en sécurité ?

Quoi qu'il en soit, il semble donc que la structure sociale polygyne (plusieurs femelles dans un groupe) et un dimorphisme sexuel important de la taille du corps (le mâle dos argenté est deux fois plus grand que la femelle) soient des caractères ayant contribué à l'évolution du système de compétition entre les mâles, des combats mortels et de l'infanticide, comme observé aussi chez d'autres espèces polygynes.

En outre, l'âge canonique de Mayele et Mlima (les deux avaient plus de quarante ans) a probablement contribué au fait qu'ils se sont battus à mort. À mon avis, ils se sentaient vieux et savaient qu'ils n'attireraient plus de nouvelles compagnes, alors ils ont défendu celles qu'ils avaient jusqu'à leur dernier souffle. L'âge paraît en effet jouer un rôle dans les combats entre mâles d'autres espèces de mammifères. Face à un individu qui n'est plus dans la fleur de l'âge, un agresseur se montre probablement aussi plus insistant.

J'ai été longtemps attristée par la découverte des corps sans vie de gorilles que j'aimais et la réalité des attaques entre mâles qui se cachait derrière. Ces agressions n'auraient pas dû me surprendre, elles étaient en quelque sorte attendues, puisque déjà observées chez leurs cousins des montagnes. Mais du côté féminin, que se passe-t-il lors de ces événements tragiques ? C'est certainement la chose la plus inattendue et la plus surprenante que j'aie observée chez les gorilles…

10

La loi de la jungle au féminin

Mon corps était à Paris, mais mon esprit demeurait dans la jungle. Je me rendais chaque jour à mon laboratoire, au musée de l'Homme, mais ne cessais de penser à la mort tragique des dos argentés Mayele et Mata, et aux conséquences fâcheuses que ces disparitions étaient susceptibles d'entraîner sur le programme d'habituation des gorilles en RCA. Sans mâle dominant et protecteur à leur tête, les groupes étaient voués à l'explosion pure et simple. Sans ce ciment, leur dispersion était garantie. Si jamais cette issue malheureuse se produisait, nous perdrions le fruit d'un long et difficile travail d'habituation.

Dix jours me séparaient de ma prochaine mission. Jamais je n'allais tenir jusque-là. Chaque jour, mon impatience grandissait. Comment obtenir des réponses ? Finalement, j'ai craqué et ai pris un billet d'avion, anticipant de quelques jours mon départ. Tandis que je m'envolais vers l'Afrique, je l'ignorais alors, mais d'un mal allait naître un bien : j'étais sur le point de faire une découverte qui m'ébranlerait et influencerait profondément nos connaissances en primatologie. J'allais être témoin de la première *société* femelle gorille.

La possible perte de deux groupes habitués n'expliquait pas seule pourquoi je me rongeais les sangs en chemin dans les airs. Si le groupe se désagrégeait, les gorilles deviendraient des proies faciles pour les braconniers, précisément parce qu'ils étaient habitués à l'Homme. Le groupe de Mayele, qu'on visitait à partir du campement de Mongambe, concentrait mes craintes. Il vivait dans une région ayant connu une recrudescence des attaques depuis 2013. Avant le début de la guerre civile en RCA, notre présence auprès des gorilles avait toujours découragé les braconniers et les repoussait plus loin dans la forêt. Mais un jour, un coup d'État, un des nombreux qu'a connus le pays, avait fissuré la Centrafrique. Les militaires, fidèles au président putschiste François Bozizé, affrontaient les rebelles de la coalition Seleka pour le rassemblement. Avec les premières années des combats (la guerre civile perdure) s'était mise à circuler une quantité énorme de fusils et de cartouches, et il était devenu commun d'entendre des détonations autour de Mongambe, en particulier la nuit.

Depuis 2013, le braconnage était une plaie qui s'envenimait d'année en année. Mais, trois ans plus tard, cette menace qui planait en permanence au-dessus de nous s'était tragiquement concrétisée. Après des semaines de tentatives infructueuses, j'avais finalement réussi à approcher Mapoki, qui avait toujours eu tendance à me fuir. Soudain, un coup de feu avait retenti à moins de quarante mètres de nous, puis j'avais entendu un cri de douleur poussé par un gorille. Un gorille adolescent très amical, du nom de Sousa, venait de tomber sous une balle de braconnier. J'étais bouleversée, je connaissais ce jeune dos argenté depuis son enfance. Avant la guerre civile, cette situation aurait été inimaginable.

« Allons les regarder, allons les faire fuir », m'a lancé Ndiki. Ndiki avait toujours été l'un de mes pisteurs préférés, même s'il est un peu *kirikiri* (« fou » en sango ; lorsqu'il avait mal à la tête, il se faisait de petites entailles sur les tempes avec une lame de rasoir – jusque-là, c'est normal, c'est une coutume bayaka, pour diminuer la pression artérielle –, mais il appliquait ensuite le liquide des grosses piles de la radio du campement sur ses blessures !). La témérité de sa proposition m'étonnait, autant qu'il mette un point d'honneur à rendre justice aux gorilles. J'ai hoché la tête, et nous nous sommes approchés dans la direction du tir, en nous cachant derrière les arbres. J'étais en deuxième ou troisième position, je ne me souviens plus, c'était un moment de tension indescriptible… Je me rappelle seulement entendre soudain Ndiki crier quelque chose en sango à très haute voix pour effrayer les braconniers (généralement des Bantous). Il répète la manœuvre au moins trois fois et avec une voix de plus en plus forte et sévère.

Les braconniers se sont enfuis immédiatement en abandonnant leur viande de brousse, deux *musumi* (nom local pour des céphalophes du Natal, une petite antilope rousse des régions forestières dont émane une odeur fort agréable de barbe à papa) qu'ils transportaient dans un grand panier tressé en raphia. Plus tard, les écogardes du WWF ont réussi à attraper les coupables, qui ont été emprisonnés à Bangui et poursuivis par le gouvernement de la RCA. Le corps d'un gorille pouvant être mangé, mais aussi utilisé dans des rituels magiques, ces éco-gardes ont pris des mesures pour que la dépouille ne soit pas volée. Ils l'ont veillée toute la nuit, de sorte que nous l'avons récupérée au matin avec le 4 × 4 et que nous avons pu la montrer au village de Bayanga, siège du WWF, afin de sensibiliser les habitants.

Plus tard, j'ai appris que les braconniers n'étaient pas allés chasser avec l'intention de tuer des gorilles, mais avaient tiré sur Sousa sous l'effet de la peur. Ma peine était d'autant plus forte. Sousa aurait dû s'enfuir en les entendant arriver. Il avait été victime de l'extrême confiance qu'il nous vouait, nous humains.

Bonne nouvelle

Au campement de Mongambe, l'ambiance était lourde. J'avais décidé de me rendre d'abord au chevet du groupe de Mayele (enfin, ce qu'il en restait à la suite de son combat à mort avec un autre dos argenté). Les assistants du WWF m'informèrent que, cinq jours avant mon arrivée, l'un des bébés du groupe avait disparu. J'ai immédiatement pensé qu'il avait été sans doute victime d'un infanticide de la part d'un mâle rôdant dans les environs. Mes craintes se matérialisaient : le groupe souffrait de la perte de son protecteur. Au moins, il existait toujours. Mais pour combien de temps ? Combien de temps encore les femelles supporteraient-elles de vivre sans garde du corps ? Les choses vont parfois vite dans la jungle, et la probabilité que le groupe se soit en partie disloqué entre-temps était majeure.

Quand j'ai repéré les gorilles dans la forêt, au bout de trois jours de prospection, j'ai été rassurée de voir qu'il existait toujours. Après avoir perdu son petit, Mapoki « sourcils » avait disparu avec le fils aîné de Mayele, devenu jeune dos argenté. Il ne s'était écoulé que quelques jours depuis la perte de son enfant, et pourtant elle avait déjà joué la fille de l'air. Elle avait pris sa décision rapidement. Probablement la perte de son enfant l'avait-elle convaincue d'aller chercher ailleurs la protection qu'elle avait perdue avec la mort de Mayele. Dans mon imaginaire, j'ai toujours pensé que Mapoki et le fils de Mayele avec une autre femelle avaient formé un groupe à part, ailleurs dans la forêt (récemment, j'ai été ravie de l'apercevoir sur des photos d'un nouveau groupe de Dzanga-Sangha en début d'habituation ; juchée au sommet d'un arbre, costaude et sûre d'elle, elle rayonnait, semblant avoir trouvé un nouveau havre de paix).

Le groupe s'était donc séparé. En l'absence de Mayele, deux jeunes dos noir jouaient les meneurs de la partie du groupe qui restait. C'était rassurant : certes, ils n'avaient pas l'expérience et la taille d'un dos argenté, mais peut-être parviendraient-ils ensemble à conserver le navire à flot ? Une observation ternissait toutefois cette bonne nouvelle. Comment Duma, la femelle qui restait avec les deux jeunes mâles, vivait-elle individuellement la perte du protecteur ? Réponse : mal. Je percevais sa détresse. La silhouette fine et allongée, elle avait toujours été la femelle la plus douce et gentille avec nous. Mais elle avait changé. Visiblement stressée, elle s'éloignait chaque fois qu'on s'approchait d'elle, gardant jalousement son nouveau-né serré contre sa poitrine.

En percevant l'anxiété de Duma, je pariais que la perte de la sécurité offerte par Mayele la terrifiait. Déjà qu'en temps normal, une mère tient son bébé très fort contre elle, parce qu'elle ressent inconditionnellement le besoin inné de le protéger… Je n'imagine pas ce que doivent ressentir les pauvres femelles gorilles vivant sous la menace constante d'un infanticide. Leur instinct de protection envers leurs bébés doit être décuplé par rapport à celui d'une mère mammifère d'une espèce dans laquelle ce mécanisme n'existe pas. Pour Duma, c'était pire. Elle n'avait plus son grand protecteur.

Compassion maternelle

Je suis devenue mère moi-même lors de l'écriture de ce livre, un an après ces épisodes douloureux. La première fois que j'ai dû laisser ma fille à la crèche, à l'âge de cinq mois et demi, j'ai ressenti peur et tristesse. Les deux émotions ont jailli des profondeurs de mon être, comme si elles y résidaient depuis les débuts de l'humanité, guidées par la tempête hormonale liée au fait de devenir maman. Quand je pense à ma réaction, je ne peux qu'imaginer à quel point les gorilles du groupe ont dû se sentir perdues et effrayées sans la surveillance de Mayele. Les mères vivent avec leurs bébés accrochés à elles pendant dix longs mois, sans presque jamais les quitter. Au maximum, le bébé s'éloigne de quelques mètres d'elles pour jouer, grimpant sur un petit arbre par exemple, pendant que la mère s'autorise un moment de répit.

Je n'oublierai jamais à quel point cela avait été très compliqué pour ma Malui adorée lorsqu'elle avait eu des jumelles ! Tenir et garder pendant dix longs mois non pas un mais deux bébés représente un vrai défi, tant les jumeaux sont extrêmement rares chez les gorilles. C'était un grand et extraordinaire événement dans l'histoire des grands singes de la RCA, et ceux de l'Ouest en général. Malheureusement, nous savions que la probabilité de survie des deux nourrissons était quasi nulle. Trop difficile, trop compliqué. Paradoxalement, la tragédie annoncée s'est muée en une merveilleuse histoire de solidarité féminine.

Lorsque j'ai aperçu les jumelles pour la première fois, elles n'avaient que quelques mois et esquissaient leurs premiers pas. Elles accaparaient leur mère, qui ne baissait pas la garde de la journée. Pendant le repos de l'après-midi, elle en tenait une par la main et l'autre par le pied. Au moindre signe de relâchement, la plus audacieuse des deux s'éloignait, et Malui se levait systématiquement pour aller la chercher. En fait, elle ne pouvait plus dormir, ni même fermer les yeux.

Comment faisait-elle la nuit ? Parvenait-elle à voler des instants de sommeil ? Je n'osais imaginer à quel point cela devait être stressant pour elle. Dans ma propre maison aussi, les nuits sont éprouvantes : alors que j'écris ces lignes, je souffre d'un manque chronique de sommeil, car ma fille pleure et m'appelle toutes les deux heures encore plusieurs mois après sa naissance. Mais quand je pense à Malui, qui connaissait le même sort multiplié par deux, tout en vivant dans une jungle pleine de dangers et sous la menace permanente d'un infanticide, je me dis que mon calvaire n'est rien comparé à l'enfer qu'elle a dû traverser.

Le stress de Malui est monté d'un cran lorsque sa nièce Sopo, âgée de seulement six ans, pas encore adolescente, a décidé qu'elle voulait s'entraîner à être maman, un comportement fréquent chez diverses espèces de primates. Chez les humains, des petites filles bercent et chérissent ainsi leur poupée. Sopo, elle, profitait des moments de somnolence de Malui pour lui voler littéralement l'une des jumelles (Inguka, qui a toujours été un peu plus indépendante qu'Inganda, le duo se distinguant sur le plan physique comme du caractère). Son larcin accompli, Sopo s'enfuyait furtivement au milieu des herbes. Quand Malui la prenait sur le vif, elle bondissait pour récupérer son bébé, tout en réprimandant la fautive par de petits aboiements.

Cette histoire a duré quelques semaines. Malui était vraiment en détresse, la pauvre. Finalement, intelligente et écrasée de sommeil, elle a compris l'intérêt qu'elle pouvait trouver à la situation. C'était sa chance de survie ! Pas seulement pour elle, mais aussi pour ses jumelles. Au fil des jours, elle a commencé à ne plus réagir lorsque Sopo lui dérobait Inguka. Elle laissait son bébé sereinement dans les bras de la jeune, qui, j'en suis sûre, est aujourd'hui une mère parfaite dans son nouveau groupe. Et les jumelles ont survécu ! L'ingéniosité et l'intuition de Malui ont sauvé l'une des deux, probablement la plus petite en taille,

Inganda, d'une mort quasi certaine, c'est évident. Aujourd'hui, elle est la seule gorille de l'Ouest connue à avoir réussi à sevrer de magnifiques jumelles, qui sont devenues adolescentes et ont rejoint d'autres groupes.

Après avoir passé dix jours à Mongambe, je voulais prendre le pouls du groupe de Mata, à Bai Hokou. De là à imaginer que les gorilles là-bas me surprendraient encore plus… Mata était un magnifique dos argenté, à la silhouette élancée, et très attentionné envers ses enfants, donc. Quelle était la situation des femelles après sa mort ? Comme si le sort s'acharnait, j'étais à peine arrivée au campement qu'on m'apprenait qu'ici aussi un bébé, le plus jeune de tous, avait été tué par un mâle extérieur. Le drame avait eu lieu le jour même de mon arrivée, et, cette fois, il a été bien observé. Alors que je marchais d'un pas rapide à travers la forêt pour retrouver les traces de ce qui s'était passé, les mêmes sempiternelles inquiétudes me serraient le cœur : l'unité du groupe allait-elle perdurer ? Les femelles s'en sortiraient-elles ?

Même cause, mêmes conséquences. Là encore, les gorilles étaient plus en alerte que d'habitude à cause de la disparition soudaine de Mata. Wusa, la mère du petit mâle décédé la veille, était très fuyante. Elle semblait effrayée, tout comme sa fille Payo, devenue juvénile, collée à elle en permanence. Les deux se maintenaient le plus loin possible de nous. Je percevais leur détresse et me désolais pour elle. Mais, après le premier jour, mon émotion négative s'est muée en sidération. Tandis que je suivais le groupe dans ses déplacements, tout en noircissant mon carnet de notes, une chose que je n'aurais jamais crue possible s'est imposée à moi et m'a bouleversée. Jamais l'expression Queen Kong n'avait eu autant de sens.

Des amazones dans la forêt

La mort de Mata n'ayant pas laissé de jeune mâle, une femelle menait le groupe dans ses activités ! C'était Indolia, une belle gorille, affable envers les humains, mais qui avait toujours manifesté une très forte personnalité à l'égard des autres femelles. Elle avait le corps trapu et une tête typiquement ronde que je reconnaîtrais entre mille. Parmi les femelles de Mata, c'était celle qui s'était habituée le plus rapidement à nous. Son jeune fils la suivait de près, accompagné du rejeton d'une autre femelle (Mpokampoka, celle qui avait quitté Mata quelques mois à peine avant sa disparition). Indolia avait manifestement adopté ce petit, qui était sans mère. Elle prenait soin de lui en l'attendant pendant les déplacements. C'était impressionnant de voir comment ces deux mères seules avaient survécu aux dangers de la jungle ces trois derniers mois.

Le lendemain, j'étais supposée me rendre auprès du dernier groupe de gorilles qu'il me restait à visiter à partir du campement de Bai Hokou, celui de mon Makumba bien-aimé. Mais, motivée par un profond intérêt scientifique pour comprendre comment deux mères avec trois enfants à charge pouvaient s'en sortir, et aussi par la profonde tendresse que j'éprouvais pour elles, j'ai décidé de continuer à les suivre chaque jour, renonçant à passer du temps avec Makumba, Malui et les autres.

Jour après jour, je me suis vite rendu compte que Indolia ne dirigeait pas seulement le groupe à travers la forêt et dans les clairières en quête de victuailles, mais aussi pour chercher un nouveau groupe à rejoindre. J'étais fascinée par ces extraordinaires femelles. Chaque jour, elles faisaient leurs nids dans les arbres, et non à terre comme d'ordinaire les gorilles de l'Ouest par temps sec en octobre. Elles adaptaient leur mode de vie pour rester autant que possible en sécurité la nuit. Tout simplement génial ! Non seulement les mères manifestaient une compréhension parfaite pour se coordonner au milieu de la forêt, mais, de façon unique et surprenante, la plus dominante des deux, Indolia, avait littéralement pris les rênes du groupe !

Elle était resplendissante, majestueuse et se comportait en tout point comme un dos argenté. Elle grognait des « hum » pour coordonner les activités quotidiennes de son groupe, à la façon des dos argentés, et avait recours à des charges et à des démonstrations de force envers son amie Wusa pour affirmer sa domination sur elle. Voulait-elle que celle-ci réagisse à la torpeur dans laquelle elle était tombée après la mort de son petit ? Je m'interroge. Peut-être est-ce de l'anthropomorphisme, mais je vous assure qu'Indolia donnait l'impression d'être une vraie leader, une guerrière au savoir-faire inégalé, capable de cerner les besoins de ses semblables.

Le courage et l'autonomie dont elles témoignaient m'ont émue jusqu'aux larmes. Et encore aujourd'hui quand j'y pense. Les observer agir en complète indépendance me remplissait de fierté. La dure loi de la jungle en avait fait des Amazones. Ma vision des gorilles venait complètement de changer. Jusque-là, on ne pensait pas que les femelles et les jeunes pourraient survivre aux dangers de la forêt sans la protection attentive du dos argenté. Nous imaginions qu'elles devaient s'unir le plus rapidement possible avec un autre. Or ces Amazones vivaient seules depuis près de trois mois. Probablement la meilleure stratégie mise en place par Indolia pour sauver son petit de l'infanticide. Il lui fallait attendre encore pour qu'il soit sevré et donc hors de danger. D'une certaine manière, elle le savait. Indolia et Wusa nous montraient non seulement que leur survie était possible, mais que l'absence d'un leader à dos argenté était à peine perceptible.

Peu à peu, j'ai pénétré un peu le fonctionnement de cette microsociété improvisée. J'ai remarqué que le comportement d'Indolia avait changé. Il lui arrivait souvent de se pencher pour renifler au niveau du sol. Initialement, j'ai pensé qu'elle devait sentir sur les feuilles une odeur qui la mènerait vers une source de nourriture. Je crois plutôt qu'elle devait, logiquement, être en quête d'une nouvelle cellule qui lui offrirait l'asile et donc qu'elle percevait le fameux parfum d'autres gorilles.

Après eux, les jeunes qui les suivaient firent la même chose, un comportement inhabituel chez les gorilles en groupe. Parfois, ils humaient plutôt des branches. En outre, Indolia s'était mise à imiter le dos argenté dans son rôle de guetteur : elle surveillait souvent son environnement, s'arrêtant brusquement de mâcher et tournant la tête dans la direction suspecte pour mieux entendre. Peut-être un groupe faisait-il du bruit au loin ?

Wusa la suivait, liée à elle par une profonde confiance et amitié. Mais, malgré l'harmonie apparente qui régnait entre Indolia et Wusa, l'entêtant suspense demeurait : combien de temps encore tiendrait cet ensemble contre nature au féminin, face aux dangers de la jungle ?

Impensable réunion

Quelques jours plus tard, la recherche d'un autre groupe par Indolia fut couronnée de succès. Elle avait pisté la trace de Makumba et des siens. J'ai été profondément émerveillée par cette grande combattante et admirative à la fois, tout en me réjouissant de revoir mon dos argenté préféré avec ces femelles solitaires. Cette réunion de deux groupes, que j'avais pris pour habitude de voir séparément, me paraissait irréelle. Les enfants de Makumba avaient été les premiers à avoir approché le groupe des femelles. Je ne savais plus où donner de la tête : les sept enfants des deux familles ne cessaient de s'échanger des regards et de se livrer à de petites démonstrations de force, entre sérieux et facétie. Cela me rappelait des enfants se retrouvant dans un parc de jeu. Ils se défiaient les uns les autres sur un mode presque ludique, malgré les enjeux on ne peut plus sérieux. De fait, l'issue de cette rencontre pouvait dicter l'avenir de chaque camp !

Les chefs du moment, Makumba et Indolia, surveillaient la situation, l'une derrière les enfants et le premier plus loin, au milieu de son groupe, tandis que les autres femelles faisaient semblant de se compter normalement. Wusa, probablement encore traumatisée par la mort de son fils, s'éloignait lentement du lieu de l'interaction, comme si elle n'était pas intéressée. Les jeux durèrent plusieurs minutes. Pendant ce temps, Indolia se glissait très lentement dans le groupe de Makumba, en prenant bien soin de rester à l'extérieur du cercle d'adultes. Elle maintenait la posture typique du dos argenté, la tête haute et fière, et le dos cambré mettant en valeur la crête (qu'elle n'avait pas !) et les fesses. Lors des jeux, j'avais parfois vu les petits adopter cette attitude – les mâles, mais aussi les très jeunes femelles. Mais observer une femelle adulte mimer le rôle du dominant était une première pour moi !

La situation était tendue. Le silence était tombé sur la jungle, du moins en avais-je l'impression. Aucun gorille n'émettait ces grognements qui leur sont si typiques. L'air se chargeait d'électricité, comme si les deux familles se jaugeaient et qu'une étincelle pouvait tout enflammer. Elle ne tarda pas à se produire, mais pas celle que j'avais anticipée.

À un moment, ma chère Malui, alors femelle dominante incontestée du groupe de Makumba, s'est arrêtée avec son petit sur l'épaule pour étudier la scène de loin, observant attentivement les échanges entre les jeunes, Indolia en mode *dos argenté* et plus loin Wusa en mode *Je me cache*. Avec ses yeux en amande vifs et intelligents, elle a scruté tout le monde pendant plusieurs minutes, puis s'est remise à manger des feuilles d'arbustes. Toujours très loquace, Malui a repris ses activités normales tout en poussant ses grognements habituels. Au premier « humhum », Indolia interpréta ce signal comme un feu vert pour rejoindre le groupe. Ce double « hum » est souvent émis par les mères pour appeler leur bébé près d'elles, une sorte de « Viens ici ! » ; Indolia la combattante avait raison en ce sens. J'étais convaincue d'être spectatrice d'un événement merveilleux : deux groupes sur le point de fusionner, à la suite d'un accord négocié entre deux femelles dominantes (Indolia et Malui).

Orage dans la jungle

Emportée par l'excitation, j'avais toutefois été trop optimiste… et je savais au fond de moi que cette union était impossible. Makumba était bien trop vieux. Si je mettais de côté mon émotion, voilà mon opinion : Indolia ne devait pas rejoindre ce groupe. Je plongeais dans l'expectative : allait-elle se conformer à mon intuition et s'en aller ? En fait, Indolia rejoignit le groupe de Makumba. Elle se plaça au milieu, en compagnie de plusieurs enfants et de Wusa de façon périphérique, et l'ensemble marchait de concert. Ils n'avaient pas fait cent mètres ensemble, alors qu'ils traversaient la route en sable rouge qu'il nous arrivait d'emprunter en 4 × 4, que Malui s'est soudainement retrouvée à quelques mètres d'Indolia. La réaction de la première a été si rapide que je n'ai pas eu le temps de filmer le début du combat qui s'ensuivit. Débuta l'affrontement le plus incroyable qu'il m'ait été donné de voir ! Il faut dite que j'étais aux premières loges, grâce à la route qui assurait une visibilité parfaite.

Les femelles adultes au sein d'un groupe de gorilles de l'Ouest se battent parfois pour obtenir une place privilégiée dans un arbre ou près d'une termitière, afin d'accéder à la nourriture. Ces altercations se limitent généralement à des aboiements préventifs pour avertir l'adversaire de rester à sa place.

Souvent, l'un des deux se fige, comme on le fait lorsqu'un gorille vous fonce dessus, et l'autre gagne la partie. Mais il arrive parfois que la dispute dure plus longtemps et dégénère en un étrange drame shakespearien, où s'échangent de part et d'autre des cris de désespoir censés annihiler la volonté de l'adversaire. Ces querelles sonores se produisent lorsque les deux femelles ont un niveau de dominance similaire, soit parce que la plus dominante vieillit, soit parce que toutes deux ont un caractère plus ou moins fort.

Si aucune des femelles ne plie, la situation peut s'envenimer et les cris durer depuis plusieurs minutes. Parfois, le dos argenté accourt alors pour rétablir la paix. Le mot « paix » laisse penser à une action douce et gentille, mais sa façon de mettre fin à ces disputes peut s'avérer aussi brutale que sa façon de faire la cour : il poussera l'une des participantes au sol, voire lui mordra la main ou le bras. L'effet calmant est généralement immédiat, bien que les deux femelles puissent s'éloigner en continuant à marmonner de petits aboiements doux. Le jeu est généralement reporté à un autre jour…

J'assistais pour la première fois à une altercation entre des femelles issues de groupes différents. Et quelle altercation : un choc de titans ! Il mettait en scène les deux femelles les plus dominantes, les plus intelligentes et les plus impressionnantes qu'il m'ait été donné de rencontrer dans ma vie. Leurs vocalises, interminables et puissantes, remplissaient la jungle depuis le début de l'attaque. Soudain, la situation a tournée à l'affrontement physique. Son petit toujours juché sur ses épaules, Malui a hurlé, avant de bondir sur Indolia, la projetant violemment au sol. L'enfant de deux ans d'Indolia a couru se réfugier en hauteur aux côtés de Wusa. Tout aussi combative que sa rivale, Indolia s'est alors relevée pour approcher lentement de Malui, qui s'est enfuie en entendant… le sol gronder.

Makumba arrivait comme un éclair, arquant le dos, exhibant sa crête et ses fesses, non pour apaiser la situation mais pour réprimander Indolia. Il l'a attrapée alors qu'elle tentait de s'échapper sur le côté de la route. L'odeur capiteuse typique du dos argenté emplissait l'air. Je n'ai pas vraiment compris ce qui s'est passé ensuite, même si les deux individus étaient parfaitement visibles sur la vidéo. Tout ce que je peux dire, c'est que Makumba a attrapé Indolia dans sa fuite. Il l'a mise à terre, en la mordant au bras, je pense.

Une fois libre de ses mouvements, Indolia a tenté à son tour de frapper Makumba à la tête tout en hurlant sur lui. Jamais je n'aurais pensé prendre parti contre mon bien-aimé Makumba, mais mon cœur espérait une victoire de la femelle. Sa combativité hors du commun face au colosse deux fois plus grand qu'elle était profondément touchante. Il s'élança à nouveau le dos cambré et chargea latéralement Indolia, qui continuait de crier de stress ou pour impressionner Makumba. Le combat n'a duré que quelques secondes, tout en me paraissant interminable.

J'ai toujours éprouvé de la compassion et de l'admiration pour cette grande combattante qu'était Indolia. J'avais les larmes aux yeux en la regardant (et encore aujourd'hui, au moment où j'écris ces lignes). J'admets volontiers que derrière ces sentiments se cache une sorte de solidarité féminine. C'est une femelle gorille si incroyable, si déterminée. J'étais fière d'elle et en même temps inquiète pour son petit, Ngumu. Je redoutais que Makumba se dirige vers lui et le tue en l'écrasant au sol. Je n'étais pas prête à assister à un infanticide.

Heureusement, la colère du dos argenté s'est arrêtée là, et il a laissé mère et fils tranquilles. J'aime voir en Makumba un individu bon. S'il n'avait pas tué ce jour-là le petit Ngumu, c'était parce qu'il était si attentif à ses propres enfants. Mais la scientifique en moi savait que ce n'était pas la vraie explication.

Issue prévisible

Pourquoi Makumba a-t-il épargné le gorillon ? Probablement parce que Ngumu semblait sevré, parce qu'il avait quitté sa mère pendant l'interaction entre les groupes. Il marchait toujours seul et avec ses demi-frères aînés. Aux yeux du dos argenté, rien ne le signalait comme un nourrisson dépendant qui méritait la mort. Mon intuition me souffle qu'il existe d'autres raisons, qui m'échappent encore, qui pousseraient un dos argenté à ne pas tuer systématiquement le descendant d'un autre mâle. Grâce aux analyses génétiques, nous savons que Makumba et Mata, le père de Ngumu, n'avaient aucun lien de parenté (ce qui aurait pu expliquer l'indifférence de Makumba), mais que les deux gorilles se connaissaient depuis très longtemps (Kunga, le fils aîné de Makumba, semble en fait être le fils légitime de Mata, ce qui tendrait à prouver que les deux dos argentés avaient fréquenté dans le passé les mêmes femelles ; peut-être Makumba connaissait-il déjà les femelles de son pendant).

L'attaque passée, Makumba est resté immobile, fier, la tête haute et le dos cambré pendant quelques minutes. En dépit des apparences (sa violence se destinait à rétablir la paix, pas à effrayer Indolia), recruter deux femelles supplémentaires l'intéressait, selon moi. Wusa et les enfants ont attendu que le groupe de Makumba se remette à marcher et sont descendus des arbres où ils s'étaient réfugiés. J'aurais pensé qu'à ce stade, les deux femelles feraient demi-tour pour suivre leur propre chemin, mais Indolia a continué à suivre la piste de Makumba pendant une heure, jusqu'à ce que Malui la charge à nouveau. Cette fois, Malui est arrivée en courant de loin, afin qu'il n'y ait plus de malentendu. L'intimidation avait porté ses fruits. Découragée, Indolia a compris que les siens n'étaient pas les bienvenus, et elle est partie.

Indolia s'est consolée avec un festin de termites. J'avais de la peine pour elle, même si Malui avait eu raison de la repousser. D'une façon ou d'une autre, je pense que celle-ci avait compris que Makumba était définitivement trop vieux pour élargir son groupe. Nous le connaissions depuis 2000, et il avait déjà au moins cinq femelles à l'époque dans son groupe. Nous estimons qu'il avait à ce jour quarante-quatre ou quarante-cinq ans. Or l'espérance de vie des gorilles sauvages de l'Ouest est de quarante-cinq ans. Chaque fois que je le voyais, je savais au fond de moi que c'était peut-être la dernière fois. De fait, il ne lui restait que quelques mois à vivre.

J'étais de retour à Paris quand j'ai appris que son groupe avait fait l'objet de l'attaque d'un mâle. À l'instar de Mayele, Makumba s'était battu jusqu'à la mort pour sauver sa famille, dont son nouveau bébé – une coïncidence que j'ai trouvée étrange, il est mort le jour de mon anniversaire. J'aurais espéré pour lui une fin plus paisible et moins brutale… mais les gorilles de Dzanga-Sangha aimaient visiblement se démarquer par leurs actes héroïques. Alors que je vivais la plus incroyable aventure qu'une femme peut vivre, avec mon bébé d'un mois dans les bras, j'ai ressenti un grand vide. Makumba avait été à la fois mon compagnon de forêt et mon professeur, je lui dois presque tout. En nous accueillant dans son groupe, il nous a ouvert la porte d'un monde secret, d'où je tire l'essentiel de mes connaissances sur ses congénères.

Makumba fut une énorme perte pour le projet d'habituation, qui avait connu ses heures de gloire grâce à lui. Après la mort des trois dos argentés des groupes suivis, ce projet a plongé dans une tristesse noire. Makumba a été sûrement le gorille, et même le « personnage », le plus photographié en Centrafrique. Il a fait connaître ce pays à beaucoup de monde, moi y compris. Il restera toujours dans nos mémoires scientifiques et personnelles, et dans celles des milliers de touristes qui ont eu l'occasion de venir le contempler ainsi que sa famille.

Et Indolia, qu'était-elle devenue ? Je me rongeais les sangs pour elle. Le duo impossible des Amazones qu'elle avait formé avec une autre femelle et leurs petits prospérait-il toujours ? Toutes les deux continuaient-elles leur « expérience sociale », menant une existence sans mâle ? Leur incroyable histoire de survie se poursuivait-elle ? Des mois après que leur trace avait été perdue, j'ai reçu un e-mail…

11

Le leadership féminin caché

Après être restée sans nouvelle des deux femelles solitaires pendant des mois, j'ai fini par recevoir un message d'Afrique. J'étais à la maison, à Paris, avec mon nouveau-né. Je suivais la situation à Dzanga-Sangha grâce à mon étudiant sur le terrain, qui me tenait informée chaque jour. L'e-mail disait en substance : « Ciao Shelly, voici les clichés que tu m'as demandés du nouveau groupe en cours d'habituation. J'ai pu photographier toutes les femelles. Les images ne sont pas bonnes, mais c'est le mieux que j'ai pu faire. » Certains individus de ce groupe ne semblaient pas avoir trop peur de l'Homme, selon le responsable du programme d'habituation des primates du WWF, lui aussi mon ancien étudiant. Quand j'ai regardé les images sur l'écran, j'ai été frappée de stupeur.

Là, sur l'arbre, en train de grimper, je reconnaissais une femelle, pourtant visible seulement de dos. La rondeur de sa tête si particulière signait son identité sans doute possible. C'était la grande et puissante Indolia, l'une des deux Amazones, celle qui m'avait le plus enthousiasmée et impressionnée ! J'arrivais à peine à y croire. Rapidement, à partir d'autres clichés, je me suis rendu compte que sa comparse de toujours, Wusa, l'accompagnait aussi, ainsi que Mpokampoka, une troisième femelle ayant appartenu au même groupe originel, dont le dos argenté avait été retrouvé mort au pied d'un arbre. Depuis leur aventure en solitaires dans la jungle, Indolia et Wusa avaient enfin déniché un dos argenté avec qui elles avaient eu envie de rester (durant les mois passés seules, je savais qu'elles avaient eu l'occasion de rencontrer au moins un autre dos argenté que je connaissais, mais n'avaient pas décidé de s'établir avec lui, car trop jeune).

Et voilà le trio à nouveau réuni, comme au bon vieux temps ! Tout se passait comme si Indolia et Wusa étaient parties à la recherche de leur vieille connaissance, Mpokampoka, et avaient fini par la trouver au milieu de ce nouveau groupe (je l'ignorais alors, mais il y avait un critère de plus qui avait motivé leur décision). Ont-elles alors fait confiance à son choix ? Était-ce la raison pour laquelle elles étaient restées au sein de ce groupe ? Ou bien l'alliance entre les femelles est-elle plus forte qu'on ne le pense ? Ce sont des questions auxquelles je n'ai toujours pas de réponses... J'ai l'impression que tout est encore à découvrir chez les gorilles de l'Ouest !

J'ai toujours songé qu'Indolia suivait les traces d'autres groupes à la recherche du dos argenté qui pourrait les protéger, elle et les petits dont elle avait pris la responsabilité... Mais peut-être avais-je tort ? Peut-être cherchait-elle plutôt une communauté, une situation sociale capable de rétablir l'équilibre précédent, où elle occupait la place de reine incontestée du groupe, avec ou sans son dos argenté ?

Nous ne saurons probablement jamais si Indolia et Wusa ont suivi Mpokampoka, mais l'ironie du sort veut que cette dernière, arrivée vraisemblablement la première dans ce groupe, n'y ait pas eu de bébé, alors que les deux autres ont enfanté. Quoi qu'il en soit, j'ai été émue de les savoir toutes les trois ensemble ! Plus tard, je réaliserai qu'Indolia avait aussi retrouvé sa fille devenue adulte dans le groupe. Cela me renforça dans l'idée qu'elle l'avait rejoint sciemment, pas simplement par égard au dos argenté mais par affinité avec les autres femelles.

Dans les mois suivant la sortie de ce livre, il est prévu de mener une analyse génétique, à partir des excréments de leurs nourrissons, pour savoir si les enfants d'Indolia et de Wusa sont ou non les rejetons de leur nouveau dos argenté. Cela pourrait nous aider à découvrir et comprendre les vicissitudes auxquelles elles ont dû faire face dans la jungle, avant de se placer sous la protection de ce mâle. S'il n'est pas le père de ces enfants, cela signifierait que les deux femelles ont vraiment voyagé et traversé plusieurs groupes avant de se stabiliser.

« Génie féminin »

J'ai écrit la plus grande partie de ces lignes alors que j'étais enceinte, et maintenant que je suis devenue mère, je mesure encore mieux le courage qu'ont manifesté ces mères gorilles pendant leur traversée du désert. Quand je pense à la façon dont elles ont passé des jours, des semaines et des mois sans défense dans la forêt, tout en essuyant les attaques des mâles infanticides, je suis éblouie qu'elles aient survécu à cette épreuve. Et même une fois placées sous l'égide d'un nouveau dos argenté, elles ont dû se battre pour se faire accepter et s'intégrer dans ce nouveau groupe, tout en continuant de veiller sur leurs petits.

Aujourd'hui, je ressens presque leur cran et leur dévouement dans ma propre chair. Et je ne peux m'empêcher d'y voir la preuve que les scientifiques sont sans doute passés à côté de quelque chose d'essentiel : n'aurions-nous pas sous-estimé le potentiel des femelles, leur capacité à effectuer de grandes choses, chez les primates non-humains et, qui sait, ailleurs dans le monde animal ?

J'ai été frappée, par exemple, en lisant des publications sur les chimpanzés, par le fait que l'utilisation d'outils est un trait plutôt féminin. Comment est-ce possible ? Pourquoi les chimpanzés mâles, pourtant loin d'être stupides – ils forment des coalitions politiques, par exemple –, s'en servent moins ? L'explication classique tient à des questions de survie : puisque les mâles chimpanzés s'approprient la nourriture, les femelles doivent en quelque sorte s'ingénier (dans le sens littéral du terme !) à inventer des moyens alternatifs pour manger. Et chez les gorilles ? Avec la même domination des mâles lors des repas, la logique voudrait que le génie féminin s'exprime avec la même nécessité… Ce n'est peut-être pas une coïncidence si la seule observation connue auparavant de l'utilisation d'outils par les gorilles de l'Ouest dans la nature est celle d'une femelle adulte s'emparant d'un bâton pour sonder la profondeur d'un marais avant de le traverser.

En réalité, parmi les grands singes, les gorilles sont ceux qui ont le moins recours à des outils, et donc je ne m'attendais pas nécessairement à observer une différence entre les sexes comme chez les chimpanzés. Pourquoi ce moindre usage ? Selon moi, parce qu'ils n'en ont pas besoin. Leur force et leur stature leur suffisent. Après tout, ce sont les plus grands primates au monde. Pourquoi se fatiguer à extraire une à une des fourmis ou des termites avec une brindille, quand on peut éventrer toute la construction qui les abrite d'un ou deux coups de poing ?

Par ailleurs, leur régime alimentaire diffère de celui des chimpanzés. Puisqu'ils sont herbivores, les gorilles disposent d'une alimentation d'excellente qualité toute l'année – ils peuvent facilement extraire des calories mêmes des fibres des plantes herbacées, lorsqu'ils ne se nourrissent pas de fruits juteux et énergétiques. Quand vous bénéficiez de cette manne, pourquoi vous ingénier à imaginer des solutions alternatives ? *A contrario*, les chimpanzés restent frugivores toute l'année. En période de disette, quand les fruits sont rares en forêt, le seul recours est de faire fonctionner son cerveau... en particulier pour les femelles les moins dominantes.

Geste inédit

Être herbivore n'empêche pas la gourmandise. Friands de termites, les gorilles de l'Ouest en mangent principalement les larves, qu'ils extraient de la terre compactée de la termitière en la frappant sur la paume de leur main. Ils se tournent vers cette nourriture surtout en saison des pluies, lorsque les termitières sont plus molles et se désagrègent facilement. L'étude de ce comportement en milieu naturel avait d'ailleurs été l'occasion pour moi de vivre une première scientifique ainsi qu'une des rares observations d'utilisation d'outil chez les gorilles de l'Ouest. En regardant faire Etefi et Ika, deux très jeunes mâles, demi-frères du groupe de Kingo vivant à Mondika, en République du Congo, j'avais été témoin d'un geste inédit, jamais encore documenté en primatologie.

Âgés respectivement de quatre et trois ans, Etefi et Ika étaient en train de se goinfrer de termites en tapant un morceau de termitière sur leur main libre afin d'en faire tomber les petites larves. À un moment, ils sont tombés sur un os : les larves étaient nichées trop en profondeur pour leur technique encore approximative. Ils ont alors eu une idée de génie. S'armant d'un morceau de termitière dans chaque main, ils ont frappé les deux l'un contre l'autre, une fois, deux fois, trois fois… À des millions d'années d'écart, ils reproduisaient le geste qu'ont mis au point nos ancêtres pour tailler des silex, afin d'obtenir des pointes de lance notamment, en cognant deux pierres ensemble ! J'étais sidérée. Etefi et Ika ont développé ce tour de main indépendamment, à des moments différents. Mais, comme ils appartiennent au même groupe, on ne peut pas exclure que l'un ait copié l'autre.

Aujourd'hui encore, il s'agit de la seule observation de ce type chez les primates, et en particulier les grands singes. Elle montre que ces derniers ont les capacités psychomotrices nécessaires pour sculpter la pierre comme nos lointains aïeuls. Il est probable que l'évolution nous ait poussés, nous les humains, à essayer cette nouvelle technique pour la même raison que les deux gorilles : par souci d'optimisation, dans le but d'obtenir plus de nourriture.

Nous savons que la capacité à combiner la frappe à main levée (comme on l'appelle scientifiquement) à la force, la précision et l'exactitude nécessaires pour fracturer le silex a constitué un tournant critique dans l'évolution des hominidés par rapport à nos cousins les grands singes. Néanmoins, voilà la preuve que ce geste appartient au répertoire comportemental spontané des gorilles. Dès lors, pourquoi ces derniers n'ont-ils pas poussé la technique plus loin ? La question débouche, hélas, sur un grand point d'interrogation. C'est l'un des mystères de l'évolution.

Prince Kong

Sur les photos du nouveau groupe en cours d'habituation qu'on m'avait envoyées par e-mail, un autre visage m'a immédiatement rappelé de nombreuses aventures passées, même si notre dernière rencontre remontait à plus de dix ans : Mopatapata. Sur l'écran de ma mémoire, je la revois douce et élégante, se tortillant dans l'arbre où elle était coincée et sautant comme un singe à queue avec son petit Mapopi agrippé à ses flancs… Aujourd'hui, c'est la plus âgée du groupe où elle a trouvé asile, et elle donne du fil à retordre à la puissante Indolia. Les deux, paraît-il, ne cessent de se quereller dans les arbres. Ces chamailleries me rappellent les combats que se livraient, jadis, la jeune Malui et l'une des autres femelles de Makumba, les deux juste au-dessous de Mopatapata dans la hiérarchie.

Je ne suis pas surprise de ces prises de bec entre générations. Au fil des années, grâce à l'observation de six groupes habitués de gorilles de l'Ouest, j'ai acquis la conviction qu'une hiérarchie stable régit les relations entre femelles au sein d'un groupe. Au sommet de la pyramide, les plus âgées savent faire entendre leur voix. Elles protestent et dominent les jeunes femelles. Mais le caractère fort de certaines Queen Kong peut aussi influencer ces relations : la nature combative de la jeune Indolia fait tourner en bourrique Mopatapata, désormais âgée. Cet ordre naturel est logique : comme chez d'autres mammifères, les doyens au sein des groupes de gorilles sont aussi ceux qui connaissent le mieux le territoire, ceux qui ont la mémoire des arbres prodigues selon les saisons.

L'imaginaire commun, y compris dans la communauté scientifique, voit le dos argenté comme le seul protecteur du groupe. Leader incontesté et incontestable, c'est à la fois le père prêt à donner sa vie au combat pour sauver sa progéniture et le chef et le responsable du maintien de la cohésion du groupe, qui a la priorité sur la nourriture. Mais toutes les données que j'ai accumulées montrent que ce cliché occulte une partie de la réalité. Dans la jungle, un tyran régnant sans partage précipiterait la mort des siens. Et pour les animaux sociaux, comme les gorilles, la cohésion du groupe est une nécessité vitale.

C'était la raison qui poussait le grand groupe de Mayele à manger moins de fruits que celui de Makumba, qui comptait moins d'individus. Les premiers étaient contraints de se nourrir davantage de feuilles et d'herbes, afin d'éviter la dispersion excessive des gorilles partis en maraude. Ceux-ci risquaient de se perdre et d'exposer les petits aux attaques de mâles extérieurs. La vision du dos argenté, grand Pharaon de la jungle, est donc un mythe. Dans une vie communautaire, il n'y a pas que les besoins du mâle dominant à considérer, bien au contraire. Loin d'être un roi, le dos argenté est plutôt un prince. Et un prince éclairé, puisqu'une incroyable découverte que nous avons faite montre que la société gorille prend même parfois des accents démocratiques, avec une voix importante accordée aux femelles.

Démocratie dans la forêt

Chez les espèces sociales, le départ d'un lieu est un moment critique. Si les individus ne parviennent pas à se mettre d'accord sur le moment et l'endroit où aller, le groupe se divise. Pour l'éviter, celui-ci passe généralement par une étape de recherche de consensus avant de se déplacer. Son déroulement et le problème de savoir qui y participe varient selon les espèces. *Quid* des gorilles ? Que peut-on attendre d'une espèce où le grand mâle est deux fois plus grand que les femelles et endosse le rôle de protecteur ? Chez les gorilles de montagne, seul le dos argenté initie et dirige les départs. Il est l'unique leader du groupe. Chez les gorilles de l'Ouest, la situation semblait différente, d'après mes observations sur le terrain, mais encore fallait-il le prouver rigoureusement. Nous avons creusé la question avec ma thésarde et mon collaborateur expert en communication chez les primates.

Les gorilles prennent généralement un grand repos en milieu de journée, entre douze heures et treize heures. Les individus adultes s'allongent alors dans la végétation épaisse, l'ebuka. Les plus jeunes en profitent pour jouer, se poursuivre et se sauter dessus. Quand le jeu de lutte devient amusant, beaucoup d'entre eux émettent des vocalises de rire, montrant leurs dents noires dues aux tanins des plantes qu'ils consomment. Ces haltes durent d'une à deux heures, puis les activités reprennent. Or, avant que les gorilles ne lèvent le camp, nous les entendions souvent se répondre l'un à l'autre… comme si un dialogue se nouait entre eux et que leur choix était une décision commune à laquelle les femelles participaient autant que le dos argenté. C'était juste une intuition. Aucune donnée en primatologie n'établissait de décision partagée chez ces animaux.

En fait, nous avions raison. En réexaminant la question de la prise de décision au niveau du groupe, nous avons obtenu des résultats qui ont bouleversé à jamais la vision du gorille macho. Nous avons constaté que les décisions de voyage sont prises conjointement par la plupart voire tous les membres adultes du groupe. Les adolescents et les jeunes mâles peuvent aussi y prendre part. Mais comment le départ vers la forêt est-il initié ? Tout commence par un simple « hum » émis par un individu. Le son ressemble beaucoup à notre propre « humm » profond, celui que nous émettons lorsque nous sommes pensifs donc (pour être précis, il existe plusieurs variantes plus ou moins gutturales et plus ou moins longues de ce type de vocalisations qui sont proférées avant le départ. Elles vont des « hum » aux « grunt »).

Au début de mes observations, j'étais convaincue que seuls les dos argentés utilisaient cette vocalisation, probablement parce que le premier groupe que j'ai étudié n'intégrait qu'une seule femelle et était facile à mettre en mouvement. Mais, en observant différents groupes au fil du temps, j'ai fini par me rendre compte que non seulement les femelles pouvaient émettre ces « hum », mais aussi les adolescents ! En fait, comme je l'ai déjà mentionné, cette vocalisation figure parmi un répertoire de sons doux, nommés *close calls* en anglais (ou appels de proximité), bien connus chez les gorilles de montagne, et dont ceux-ci se servent pour se coordonner à courte distance.

Il paraît étonnant qu'un simple et discret « hum » soit l'allumette qui mette le feu aux poudres. Mais c'est la norme, chez les gorilles, de faire profil bas d'un point de vue sonore. Il m'est arrivé de me retrouver au milieu de chimpanzés sauvages en RCA ou ailleurs, et ce qui m'a le plus frappée, c'est à quel point ces animaux sont bruyants. Ils crient en s'époumonant ! En comparaison, les gorilles semblent être des créatures taiseuses et flegmatiques. Une impression trompeuse : ils possèdent un répertoire vocal d'au moins trente-sept sons. La plupart de leurs échanges vocaux sont feutrés et discrets, parfois à peine audibles ! Il faut les espionner, comme nous le faisons, pour entendre ces murmures.

Pourquoi les chimpanzés sont-ils si démonstratifs et les gorilles si sobres ? Les modes de société de chaque espèce expliquent cette différence. Les premiers vivent selon une société de fission et fusion. Les communautés peuvent compter plus d'une centaine d'individus. Si tous vivaient en permanence ensemble, la compétition entre membres serait féroce. C'est pourquoi des sous-groupes se forment à l'intérieur du groupe. Ils se constituent pour des durées variables, puis se délitent tandis que leurs membres rejoignent d'autres membres, l'ensemble composant une ruche en perpétuelle reconfiguration.

Les chimpanzés, toujours excités par nature, crient pour se faire entendre des autres sous-groupes éloignés. Réunis en groupes familiaux plus petits et plus soudés, les gorilles peuvent se contenter de communiquer à l'aide de quasi-chuchotements.

Vote sonore

Au moment du départ, le « hum » ou « grunt » initial est suivi de nouvelles vocalisations. Les uns après les autres, les gorilles émettent une palette de ces grognements. Par ce bruit, chaque individu signale qu'il est paré, prêt à partir. Le départ se décide dès qu'un nombre suffisant d'individus a donné de la voix. Une sorte de vote.

Comme je l'ai dit, n'importe quelle femelle et même les adolescents des deux sexes peuvent y participer. C'est un processus de prise de décision étonnamment démocratique. Autre fait surprenant : les femelles sont à même de partir avec les jeunes sans l'approbation du dos argenté (comme cela avait été le cas lorsque les femelles du groupe de Mayele s'étaient éloignées à la recherche de champignons). Il faut dire que celui-ci est souvent inactif et ronfle, étendu à terre… En tant que dominant alimentaire, il est probablement l'individu ayant le mieux mangé durant la matinée, à la fois parce qu'il monopolise la nourriture et parce qu'il s'adjuge la meilleure place sur les arbres visés.

On aurait pu craindre que cette tendance démocratique agace le dos argenté, mais je n'en ai jamais observé réprimander leurs semblables, une fois le signal du départ donné par les autres. Peut-être sait-il qu'un bon leader est celui qui écoute les besoins des autres et en tient compte ! Bien sûr, il les rappelle à l'ordre s'il ne veut vraiment pas aller dans cette direction, mais c'est rare.

La littérature scientifique parle de quorum pour ce type de prise de décision collective : une fois qu'un nombre seuil d'individus s'est prononcé en faveur d'un comportement, le groupe entier l'adopte ! De tels fonctionnements ont été décrits chez les suricates, les chiens sauvages et les macaques Tonkean qui vivent sur l'île indonésienne de Sulawesi. En réalité, le quorum n'a pas beaucoup été étudié dans la nature. À notre sens, c'est un mécanisme probablement plus commun qu'on ne le pense, car il assure aux animaux des décisions rapides, sans recourir à une communication complexe.

L'étape suivante pour nous consiste à décrypter la signification diverse des variations des grognements de vote. Les gorilles en émettent en effet de diverses durées. Ces modulations ont-elles un sens ? Les gorilles s'en servent-ils pour enrichir le message qu'ils adressent à leurs congénères ? À mon sens, oui. Les grognements courts signifient plutôt « Je suis prêt, on y va ? », tandis que les longs, qui sont émis juste avant de marcher et pendant les premiers mètres, informent sur la direction poursuivie : « On va par lààààààà… » L'un signale le timing du départ et l'autre la direction, en somme. Plusieurs femelles comme Malui, Indolia et Mapoki sont les spécialistes de cette vocalisation plus longue. Or elles se trouvent être les plus dominantes de leur groupe. Les femelles joueraient-elles un rôle central dans le choix de la destination ?

D'une manière générale, on constate en effet que les individus qui réussissent le mieux à entraîner le groupe vers la marche à la recherche de nourriture sont ceux ayant le rang le plus élevé, quel que soit leur sexe. Ces données passionnantes montrent pour la première fois – de façon irréfutable – que, chez les gorilles de l'Ouest, les femelles de plus haut rang jouent un rôle clé pour mener le groupe vers des lieux de repas aussi intéressants que ceux du dos argenté. Comme je l'ai dit, il s'agit probablement aussi des femelles les plus âgées, les doyennes dotées d'une grande expérience, qui savent localiser des arbres fruitiers suffisamment majestueux pour nourrir tout le groupe. En définitive, autant que les mâles, les femelles sont les garantes de la coordination et de la cohésion du groupe. Ajouté au fait que les gorilles prennent des décisions collectivement par le biais d'un processus de consensus, c'est un résultat étonnant pour une société réputée si « machiste » !

Mères nourricières

À mesure que les pièces du puzzle s'assemblent, une vision inédite de la société gorille, puissamment novatrice, émerge. Une découverte parmi d'autres : les mères du groupe poussent des « chants alimentaires » lorsqu'elles découvrent un arbre riche en fruits, pour alerter le dos argenté et leur progéniture. Dans ces situations, elles sont capables de rediriger le groupe entier en attirant les autres membres. Plus j'étudie le comportement des gorilles de l'Ouest, plus je découvre que les femelles endossent un rôle clé qui a été négligé par le passé. Lors de mes journées en forêt avec les gorilles, surtout lorsque le groupe de Makumba commençait à progressivement s'habituer, je me demandais souvent : « Mais si le dos argenté est celui qui commande et dirige le groupe, comment peut-il assurer ce rôle en restant toujours derrière le groupe ? »

J'ignorais alors que ce n'est pas lui qui conduit le groupe vers les meilleurs endroits, mais bien les femelles, surtout celles du rang le plus élevé qui se trouvent en tête du groupe, dans le sens de la marche. À présent, je sais que, souvent, ce sont elles qui pilotent les déplacements ! Et elles le font probablement en fonction de leurs propres besoins. Car, sur la base des activités quotidiennes, de l'ingestion de tel ou tel type de nourriture riche en macronutriments, j'ai pu calculer précisément combien de protéines, de graisses, de fibres et de sucres chaque individu d'un groupe ingérait quotidiennement en fonction de sa taille. Et j'en suis arrivée à cette conclusion contre-intuitive : bien que le dos argenté soit deux fois plus grand qu'une femelle adulte, les femelles qui allaitent ont des besoins métaboliques et nutritionnels nettement supérieurs à cause à la reproduction !

Aujourd'hui, en voyant les kilos que j'ai perdus en allaitant mon bébé tout en continuant à manger normalement, je comprends ce résultat mieux que jamais. En pratique, la différence chez les gorilles est d'un facteur deux, ce qui n'est vraiment pas rien : les femelles adultes (qui allaitaient toutes à l'époque) brûlaient deux fois plus d'énergie que le dos argenté Makumba. C'est pourquoi il m'apparaît évident que les femelles mènent la danse, lors de la quête de nourriture. Certes, elles disposent d'un atout : étant parfois plus âgées que le dos argenté, elles peuvent bénéficier d'une meilleure connaissance des arbres fruitiers. Mais je pense surtout qu'elles pilotent le groupe en veillant à satisfaire les besoins nutritionnels de tous, les leurs (qui sont énormes) comme ceux des petits et du reste de la troupe ; elles suivent de véritables stratégies alimentaires.

Vous pensez que je prête un peu vite des intentions aux gorilles ? Mais chaque fois que le groupe de Makumba quittait un lieu de repos pour se rendre dans une saline, ces clairières herbacées riches en éléments nutritifs que les gorilles affectionnent et qui sont parfois très éloignées, il s'ébranlait dans un concert de grognements. Comme s'il savait précisément où il allait. N'imaginez pas pour autant que tous salivaient à l'avance, prisonniers d'une quelconque routine. J'ai toujours eu l'impression que, plus la saline était éloignée du point de départ, plus le concert de grognements durait. Le nombre de vocalisations pourrait-il indiquer au reste du groupe, de façon précise, qu'il faudra voyager vite (sans s'arrêter en chemin pour grignoter) et loin ?

Dans ce chœur bruyant, il était difficile de savoir exactement qui disait quoi et quand. Tous y participaient, Makumba comme les jeunes. Mais qui donnait le plus de la voix, qui était le chef d'orchestre de ce récital ? Malui, la femelle, la dominante et maintenant la plus âgée du groupe !

Durant le trajet, celle-ci menait le convoi, entourée de ses enfants, suivie par l'autre femelle et Makumba fermant la marche. On considère souvent que l'intentionnalité et l'anticipation du futur sont une propriété exclusive à l'espèce humaine, mais il suffit de voir cette vague bruissante progresser en ligne droite, « *ala suru ngonda* » en sango, autrement dit « perçant la forêt », pour se convaincre que les gorilles agissent avec opiniâtreté. Manifestement, le groupe avait un objectif en tête, une cible à atteindre, car le rythme était plus rapide que d'habitude, les arrêts réduits au minimum. Le tout orchestré par un chorus d'échanges vocaux.

Il m'a souvent semblé que les femelles entraînent le groupe vers les salines plus souvent que le dos argenté ne le souhaite. Les gorilles de l'Ouest ne souffrent pas de compétition alimentaire dans cet environnement. C'est peut-être aussi la raison qui pousse les femelles à y guider le groupe, pour s'y alimenter en toute tranquillité.

Tout comme Malui, qui conduisait ces marches, le duo Indolia et Wusa faisait preuve de la même indépendance. Les deux femelles prenaient la décision de se rendre seules dans une saline avec leurs petits et d'y passer quelques heures à manger. Tout ce petit monde initiait le départ et s'accordait sur la destination dans un mini-concert de grognements, même avant de partir loin du groupe et du dos argenté. C'était leur choix.

Comme des êtres épris de liberté.

CONCLUSION

Regards biaisés

À bout de souffle, je tentais de marcher à la vitesse folle des Bayaka qui me précédaient, impatiente de revoir les gorilles. Deux ans et demi s'étaient écoulés depuis le séjour qu'avait nécessité ma thèse de doctorat, et j'avais laissé le groupe de Makumba dans les derniers stades de l'habituation. Tandis que je progressais ainsi dans la forêt, tout ce que j'avais appris depuis que j'avais débarqué de mon Italie natale me revenait en mémoire. La « femme blanche qui ferme les oreilles du pisteur » à cause du vacarme de sa marche était à présent loin derrière moi. J'avançais d'un pas léger, l'ouïe en alerte constante pour prévenir toute charge, que ce soit d'un éléphant ou d'un gorille. Les odeurs me rappelaient des souvenirs de joie et de peur dans la jungle. Mes sens retrouvaient leur plein potentiel, après avoir été engourdis par tant de journées passées devant un ordinateur. Même les noms locaux des plantes et la langue sango, que je pensais avoir perdue, refaisaient surface haut et fort dans ma tête. Je me sentais plus vivante que jamais !

Ce sentiment de renaissance, je l'éprouve chaque fois que je retourne dans la forêt. C'est comme si nos origines lointaines et évolutives étaient inscrites dans mon ADN. Dans la forêt, avec les deux Bayaka qui m'accompagnaient, nous avons commencé à claquer de la langue pour nous signaler aux gorilles. Ils étaient proches : les « hum » presque humains de Makumba nous parvenaient. À travers la végétation, nous voyions les gorilles au pied d'un arbre, occupés à manger des fruits. En d'autres temps, je me serais arrêtée – le groupe tolérait notre présence à une quinzaine de mètres, lors de mon départ. Mais les Bayaka ont continué de se rapprocher, fiers de me montrer que les gorilles s'étaient habitués à l'Homme. Mon attention se focalisait tout entière sur Malui, l'indomptable femelle. Elle avait changé, davantage encore que les autres.

Au début, je n'avais rien pour les femelles. Il faut dire que, pendant les longues années d'habituation des gorilles, c'étaient toujours elles qui posaient des problèmes. Elles ne nous acceptaient pas et déclenchaient sur nous la colère du dos argenté, volontairement ou pas, d'ailleurs. Pendant leur charge, j'avais appris à leur parler doucement en italien, en disant par exemple « Buona, buona Malui » pour les apaiser. Très souvent, cela fonctionnait et elles se calmaient.

Sans l'opiniâtreté de nombreuses personnes, en premier lieu les courageux pisteurs bayaka, mais aussi Chloé Cipolletta et ses successeurs, qui ont dirigé le programme d'habituation des primates à Dzanga-Sangha, comme Angélique Todd et Terence Fuh, leur allergie à la présence humaine aurait pu compromettre notre travail.

Aussi, quand j'ai vu Malui, celle qui, par le passé, m'avait tant fait payer notre témérité avec ses charges, je m'attendais à croiser son regard sévère et à être gratifiée d'un aboiement retentissant. Au lieu de cela, la voilà qui se tenait à quatre mètres de nous, avalant placidement son repas avec son bébé. Je ne me souviens même pas de l'endroit où se trouvait le dos argenté, tant cette vision m'avait choquée. Dix-huit ans après, l'image est toujours enregistrée avec netteté dans ma tête ; fonctionnant comme un appareil photo, mon cerveau a fait la mise au point sur Malui et l'a entourée de flou. Mes yeux se sont embués d'émotion, et, tout en retenant mes larmes, je n'ai pas hésité à lui répéter de façon très spontanée en italien : « Brava Malui ! Brava ! » Comprenant sans doute le sens de mes paroles, les Bayaka ont ajouté avec un sourire « Be ti lo adè awe », littéralement « Son cœur est froid à présent » (dans le sens qu'il n'est plus « chauffé » de rage contre nous).

C'était la première fois que je ressentais de la tendresse et de l'admiration pour une femelle gorille adulte, probablement parce qu'elle ne m'inquiétait plus. À compter de ce jour, d'une manière ou d'une autre, plus ou moins sans m'en rendre compte, j'ai commencé à aimer chaque jour davantage les figures féminines du groupe et à m'attacher à cette femelle gorille au regard si intelligent. Leur fort caractère s'est mis à me frapper, à m'intéresser d'abord scientifiquement, puis personnellement, au point de me laisser sans voix. Je me suis mise à éprouver un profond respect pour elles, et même de la compassion. Mon regard sur mes recherches a progressivement changé, et je me suis de plus en plus intéressée aux exceptions comportementales ainsi qu'au rôle féminin dans le groupe. Il faut dire que, sur de nombreux aspects, les femelles sont l'élément central. Si quelque chose se passe, vous pouvez être sûr qu'elles seront impliquées. Le dos argenté, qui reste l'individu dominant, est plus conformiste ; fort de cette position, il n'a guère besoin de s'ingénier à trouver des alternatives. Et nous n'entrevoyons que la partie émergée de l'iceberg, à mon sens. Il reste tant à découvrir sur le pouvoir des femelles.

Lors de la traversée en forêt que nous avons faite ensemble à travers ces chapitres, nous avons vu comment leur rôle et leur savoir-faire, mais aussi leur participation aux décisions du groupe, ont toujours été négligés dans le passé. Ce sont elles qui décident avec qui former une entité, où aller passer la journée pour se nourrir, ou s'il faut demeurer aux côtés du dos argenté pour protéger les petits d'un possible infanticide. Mais ce sont également elles qui font le choix de rejoindre ou non un groupe. À croire les études sur les gorilles de montagne, le grand mâle à dos argenté, protecteur de la famille – il est pour mémoire deux fois plus grand qu'une femelle adulte –, était la figure la plus évidente, la plus encombrante, pour diriger la petite troupe et jouer un rôle élitiste dans la société gorille. Plus qu'un King Kong, nous sommes donc face à des Queen Kong qui font leur propre loi de la jungle. Et se font respecter avec intelligence, je dirais.

Un brin de sexisme

À l'heure de l'égalité des sexes, ce n'est peut-être pas si surprenant. Mais il n'en a pas toujours été ainsi en primatologie. Ironiquement, aujourd'hui, on me questionne souvent sur le fait que la primatologie serait une science féminine. Les journalistes, en particulier, aiment me demander pourquoi je pense que ce sont surtout les femmes qui étudient les primates. Ma réponse est sans doute un brin non conventionnelle, par rapport à la conception classique selon laquelle les femmes sont plus sensibles et plus patientes, ce qui fait d'elles de bonnes observatrices. Je ne remets pas en doute cette explication. Mais je pense qu'elle est incomplète.

Je crois que ce particularisme tient à des racines profondes dans l'évolution humaine, à commencer par le pouvoir hiérarchique et le leadership masculin, qui nous caractérisent probablement depuis nos ancêtres communs avec les grands singes. L'observation de ces derniers dans la nature réclame de passer beaucoup de temps sur le terrain, autant de temps « perdu » durant lequel on ne progresse ni en termes de publications ni quant à sa carrière. À mon avis, cette exigence ne convient pas trop à ces traits de caractère masculins. Mais ce n'est pas tout. En général, je trouve – et mon expérience jusqu'à présent ne m'a pas démentie – que les hommes ont plus de problèmes à passer de longues périodes isolés dans la forêt loin du monde. Il semble que les femmes y parviennent beaucoup plus facilement. Bien sûr, comme en toutes choses, il peut y avoir des exceptions. Mais régulièrement, ils ont besoin de quitter la jungle, le plus souvent pour retourner au village par exemple ou en Europe.

Pourtant, comme beaucoup d'autres disciplines, la primatologie a longtemps été dominée par les hommes. Alors qu'en 2001, Londa Schiebinger, de l'université Harvard, estimait que les femmes représentaient 80 % des étudiants poursuivant un doctorat en primatologie, elles n'étaient que 50 % dans les années 1970. Ce poids historique a également eu un impact majeur sur les théories socioécologiques de la socialité des grands singes. Le premier regard envers les primates non humains était entièrement celui des hommes. Ce parti pris était évident dès le début, notamment en ce qui concerne les rapports de domination entre les deux sexes et le choix du partenaire.

Ainsi, les premières recherches en primatologie ont mis l'accent sur la compétition entre mâles pour les femelles. Elles attribuaient généralement un rôle passif aux femelles dans cette sélection sexuelle : en un mot, celles-ci se consacraient uniquement à leurs petits et se montraient disponibles pour s'accoupler avec le(s) mâle(s) dominant(s). Les hiérarchies n'existaient qu'entre les mâles, pensait-on aussi, car c'étaient eux qui contrôlaient les frontières territoriales et maintenaient l'ordre dans le groupe.

L'existence d'une compétition et d'une hiérarchie entre les femelles des primates non humains a donc longtemps été ignorée, et la vision que portait la primatologie sur la sélection sexuelle, sur les relations non seulement entre les femelles, mais aussi entre les deux sexes, était biaisée. Ce n'est que dans les années 1960, avec l'arrivée de davantage de femmes chercheuses, que cette vision machiste a commencé à changer, quoique très progressivement. Une plus grande attention a été accordée aux femelles, à ce qu'elles faisaient et à leurs relations avec l'autre sexe et avec les autres membres du groupe.

C'est ainsi que le stéréotype de la femelle passive, sans pouvoir et sans possibilité de choisir, a lentement évolué, jusqu'à la découverte non seulement de relations hiérarchiques entre femelles au sein d'un groupe, mais aussi, chez certaines espèces, du fait que les femelles sont des leaders et qu'elles dominent les mâles, par exemple chez les bonobos ou certains gibbons. La perspective féminine a en définitive ouvert la voie à une nouvelle analyse de la manière dont l'agression, l'accès à la reproduction et la domination influencent les sociétés de primates.

Il est probable que, si davantage d'études s'intéressant au comportement animal (pas seulement celui des primates) braquaient leur projecteur sur les a priori et sur les stéréotypes de notre propre société, nous découvririons que les observations surprenantes menées sur les gorilles sont également applicables à d'autres espèces animales, chez qui le mâle le plus grand, aux caractéristiques sexuelles secondaires prononcées, n'est finalement pas l'unique architecte de la société.

Par exemple, l'histoire d'Indolia, qui a retrouvé ses compagnes de toujours et sa fille après avoir erré dans la forêt à la recherche d'une nouvelle famille, est une preuve évidente du rôle que joue la femelle dans le choix du partenaire sexuel. L'agressivité de Malui, qui l'a chassée à plusieurs reprises du groupe de Makumba, l'est peut-être encore plus. Pourtant, même aujourd'hui, peu de preuves scientifiques indiquent que le choix du partenaire est féminin chez les primates sauvages. Comme je l'ai souligné, la partie immergée de l'iceberg reste à explorer…

Un condensé de drames

Au total, huit années ont été nécessaires pour faire « complètement » oublier à Makumba et aux siens nos incursions dans leur monde. L'habituation est un outil très utile pour comprendre les primates, pour saisir leurs besoins en matière d'habitat et d'alimentation, et *in fine* pour mieux les protéger. Toutefois, bien qu'elle contribue à la conservation de l'espèce (en approfondissant notre conscience écologique et par le biais de l'écotourisme), cette stratégie expose également les gorilles au risque de perdre leur instinct sain, celui d'avoir peur de l'être humain. Car un groupe de gorilles habitué à la présence humaine et à différentes personnes grâce à l'écotourisme (ce qui peut être un peu différent pour des groupes et des communautés de grands singes destinés à la recherche) fera ensuite confiance à n'importe qui, du moment qu'on l'approche sobrement, sans mouvements brusques. Pour cette raison, je pense que l'habituation des primates ne devrait être entreprise que lorsqu'on dispose d'un financement à long terme, car nous devons être en mesure de garantir *ad vitam aeternam* la protection des animaux habitués et d'être avec eux tous les jours, de façon à dissuader les braconniers.

Ce travail de fond doit cependant se concilier avec l'urgence de préserver les populations sauvages dans les trente à cinquante années à venir. Les projections des modèles mathématiques montrent que les gorilles sauvages pourraient disparaître dans les trente à cinquante prochaines années. Les menaces qui pèsent sur les grands singes en général – et pas seulement sur mes sujets d'étude – sont innombrables. Leur habitat disparaît sous la pression d'une population humaine en croissance rapide partout sur notre planète (nous sommes huit milliards d'habitants). Ils souffrent également du braconnage et du trafic illégal, le premier alimentant principalement les grandes capitales d'Afrique centrale et le second les pays de l'est de l'Asie, d'autant que les régions du continent africain où ils vivent (orangs-outans exceptés) sont souvent en guerre et frappées par l'instabilité et la pauvreté. Les forces rebelles, qui se cachent généralement dans les bois, ouvrent des routes pour se déplacer, fragmentant un peu plus la jungle, et tuent pour se nourrir – ce qu'on appelle pudiquement de la « viande de brousse ». Si à ces maux vous ajoutez les épidémies tropicales comme Ebola, capables d'exterminer en quelques mois d'importants effectifs de grands singes, ainsi que les effets des changements climatiques actuels, vous comprendrez aisément pourquoi le diagnostic vital de ces populations est engagé.

Le faible taux de reproduction des grands singes explique leur fragilité. Gardez en tête qu'un gorille comme un orang-outan ne se reproduisent pas au même rythme qu'une souris, qui donne naissance à une dizaine de petits tous les deux mois. Les conséquences pour la régénération des populations des premiers sont catastrophiques. Les gorilles peuvent donner naissance à un petit tous les trois à quatre ans, selon l'espèce, et les orangs-outans tous les huit ans ! Comme je l'ai exposé, le développement d'un jeune jusqu'à ce qu'il devienne adulte est très lent chez les premiers, et l'est encore plus chez les autres grands singes. Cela les rend très vulnérables. C'est pourquoi les populations sont toutes en déclin, à l'exception des gorilles de montagne (qui ont cependant un espace très limité).

Une fenêtre unique sur notre passé

Bonne nouvelle : nous pouvons encore faire quelque chose pour sauver ces animaux si charismatiques et si incroyables, nos cousins ! La déforestation, la pression de la demande économique sur l'environnement dépendent avant tout de nous, de nos actions, de notre consommation quotidienne de coltan et d'huile de palme, par exemple. Sans le savoir, chacun d'entre nous utilise quotidiennement ces produits, qui ont un impact direct et néfaste sur l'habitat des grands singes (pour les gorilles, particulièrement le coltan). Comment est-ce possible ? Le coltan (colombo-tantalite) est un minerai composé de tantale et de niobium, extrait de la forêt tropicale et indispensable (pour l'instant) à la fabrication des condensateurs et des microprocesseurs des téléphones, tablettes et ordinateurs portables. Il est aussi très prisé par l'aéronautique (pour la production des appareils électriques), notamment parce que le tantale résiste à la corrosion (ce qui est sans doute évident puisqu'il est soumis aux rudes conditions de la forêt tropicale).

Pour vous donner une idée de notre dépendance à ce minerai : en l'an 2000, il y a eu une pénurie de coltan et une augmentation de son prix, au point que la fabrication de la PlayStation 2 de Sony en a été affectée, faute de production suffisante. 80 à 90 % des mines (y compris les mines artisanales et illégales) se trouvent en République démocratique du Congo, où vivent les gorilles de l'Est (particulièrement le très menacé gorille de Grauer). En outre, l'extraction du coltan a peut-être contribué à provoquer la guerre civile qui sévit depuis des décennies en RDC et cause des ravages humanitaires.

Et l'huile de palme ? Peut-être l'avez-vous déjà rayée de votre alimentation, mais cet ingrédient est tellement ubiquitaire qu'il est difficile de le bannir de ses usages personnels. On sait qu'elle a conduit à la destruction d'une grande partie de la forêt indonésienne, refuge des orangs-outans, qui a été convertie en plantations de palmiers à huile monodominante, au coût environnemental très élevé. Et les grands singes africains ne sont pas épargnés. Bien que je n'aie pas encore vu de telles plantations massives en République centrafricaine, lorsque j'ai traversé le Cameroun en 4 × 4 pendant trois jours parce que la guerre en RCA m'avait obligée à rejoindre Dzanga-Sangha par le sud, j'ai été littéralement choquée de constater que ce fléau frappait également ce pays. Ce n'est qu'une question de temps avant qu'il ne s'étende à d'autres espaces tropicaux.

L'huile de palme figure sur les étiquettes des crèmes sucrées et de nombreux aliments transformés tels que des gâteaux et des produits de boulangerie industrielle, mais aussi dans des cosmétiques, des poudres et des savons. Elle est aussi employée comme biodiesel et dans des carburants non raffinés mélangés au diesel. L'impact sur la déforestation est si important qu'en 2013, l'Union européenne a interdit la culture de palmiers à huile pour produire des biocarburants et de l'électricité.

Comme vous pouvez le mesurer, nous avons les moyens de beaucoup aider la forêt tropicale et les grands singes. Tout est encore entre nos mains, aujourd'hui et demain. Observer les gorilles dans la forêt est un privilège unique pour moi, et j'espère que ma fille, ainsi que tous les enfants d'aujourd'hui, continueront d'avoir cette chance à l'avenir. Vouloir, c'est pouvoir. Mon expérience avec les gorilles le prouve peut-être un peu… mais ma véritable devise, celle qui m'a toujours guidée dans la vie, c'est que, jusqu'à preuve écrasante du contraire, je n'abandonne pas, en dépit de forces hostiles. Je vous invite à faire de même. Nos plus proches cousins vivants s'étiolent sous nos yeux et *nos mains*, mais ils n'ont pas encore disparu. En dispersant les graines des végétaux, les primates entretiennent en outre la biodiversité et maintiennent en bonne santé la forêt tropicale, qui constitue ainsi l'un des grands poumons (avec les océans) de notre planète.

Ce n'est pas tout. J'espère vous avoir convaincus qu'à travers l'observation des gorilles, nous pouvons comprendre beaucoup de choses sur notre univers, non seulement sur les fondements du monde animal, mais aussi sur nos propres origines et sur la place de la femme dans nos différentes sociétés. Nous avons beaucoup appris sur l'histoire de l'humanité grâce aux fossiles, mais certaines choses ne se fossilisent pas, comme les capacités cognitives, les émotions, l'astuce et l'intellect. Les grands singes rencontrent aujourd'hui des difficultés liées à leur environnement qui sont probablement très similaires à celles que nos ancêtres communs ont traversées. Ils ouvrent une fenêtre extraordinaire sur notre passé, et la volonté et le pouvoir de la laisser ouverte sont toujours là, saisissables, entre nos doigts…

Table

Composition : Pixellence
Impression : CPI Bussière en avril 2025

Éditions Albin Michel
22, rue Huyghens, 75014 Paris
www.albin-michel.fr

ISBN : 978-2-226-49433-7
N° d'édition : 25933/01 - N° d'impression : 2084083
Dépôt légal : mai 2025

Imprimé en France